智慧商业
创新型人才培养系列教材

智慧仓储规划与管理

董 劲 ◎ 主 编

马建国　冉安平 ◎ 副主编

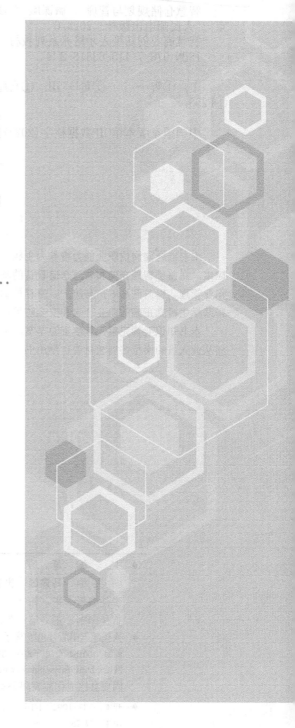

人民邮电出版社

北 京

图书在版编目（CIP）数据

智慧仓储规划与管理：微课版 / 董劲主编. -- 北京：人民邮电出版社，2024.6

智慧商业创新型人才培养系列教材

ISBN 978-7-115-63818-2

Ⅰ．①智… Ⅱ．①董… Ⅲ．①仓库管理－教材 Ⅳ．①F253

中国国家版本馆CIP数据核字（2024）第043164号

内 容 提 要

本书以仓储岗位职业能力培养为主线，系统地阐述了智慧仓储规划与管理的相关理论知识和实践应用，涵盖了智慧仓储和智慧仓储设备的基础知识，以及仓储规划与设计管理、入库作业管理、在库作业管理、库内商品养护与防护、库存控制管理、出库作业管理、风险控制与管理等主要内容，旨在帮助学生树立正确的职业理念和安全防护意识。

本书知识架构完整，教学资源丰富，可作为高等职业院校物流类专业的教学用书，也可以作为仓储从业人员的岗位培训教材或自学用书。

◆ 主　　编　董　劲

　　副 主 编　马建国　冉安平

　　责任编辑　崔　伟

　　责任印制　王　郁　彭志环

◆ 人民邮电出版社出版发行　　北京市丰台区成寿寺路 11 号

　　邮编　100164　电子邮件　315@ptpress.com.cn

　　网址　https://www.ptpress.com.cn

　　固安县铭成印刷有限公司印刷

◆ 开本：787×1092　1/16

　　印张：11.25　　　　　　　　2024 年 6 月第 1 版

　　字数：251 千字　　　　　　2025 年 3 月河北第 2 次印刷

定价：46.00 元

读者服务热线：(010)81055256　印装质量热线：(010)81055316

反盗版热线：(010)81055315

前言 —— FOREWORD

党的二十大报告指出：要坚持以推动高质量发展为主题，把实施扩大内需战略同深化供给侧结构性改革有机结合起来，增强国内大循环内生动力和可靠性，提升国际循环质量和水平，加快建设现代化经济体系，着力提高全要素生产率，着力提升产业链供应链韧性和安全水平，着力推进城乡融合和区域协调发展，推动经济实现质的有效提升和量的合理增长。现代物流行业一头连着生产，另一头连着消费，高度集成并融合运输、仓储、分拨、配送、信息等服务功能，是延伸产业链、优化价值链、打造供应链的重要支撑，在构建现代流通体系、促进形成强大国内市场、推动高质量发展、建设现代化经济体系中发挥着先导性、基础性、战略性作用。

"智慧仓储规划与管理"是高等职业院校现代物流管理专业的一门专业基础课程。本书依托重庆市精品在线开放课程"仓储作业模块"的数字资源，以知识必需、够用为原则，根据现代物流企业对仓储技术人才的实际需求和学生对物流仓储行业的认知规律来确立教学内容，力求将专业理论知识与仓储工作实践相结合，实现易学、乐学、活学的目标。

本书包括 9 个模块、24 个单元，将仓储安全意识培养贯穿始终，详细介绍了智慧仓储基础知识、智慧仓储设备、智慧仓储规划与设计、智慧仓储作业管理和风险管理等方面的内容，具有以下特色。

1. 校企合作"双元"开发，实践产教融合、协同育人理念

本书由重庆财经职业学院、重庆电信职业学院、重庆城市职业学院一线教师及重庆京邦达物流有限公司人员共同编写，能够将专业理论知识与企业实践应用相结合，充分体现"从理论中来，到实践中去"的教学理念。

2. 强化职业素养教育和安全教育

本书遵循物流专业职业教育教学规律和人才成长规律，以仓储岗位职业能力培养为主线，内容由浅入深、图文并茂、简单易学，可以帮助学生解决仓储工作过程中的实际问题，树立正确的职业理念和安全防护意识。

3. 配套教学资源丰富

本书配备了系列微课、动画等丰富的数字教学资源，搭建了精品在线课程（登录重庆智慧教育平台查找"仓储作业模块"），可以实现线上线下混合式教学。

本书由重庆财经职业学院董劲担任主编，重庆财经职业学院马建国、冉安平担任副主编。具体编写分工如下：重庆电信职业学院靳丽芳编写模块一，马建国编写模块二，董劲编写模块三，重庆城市职业学院周昔敏编写模块四，冉安平编写模块五，重庆财经职业学院曾宪凤、重庆京邦达物流有限公司汪国庆编写模块六，重庆城市职业学院黎侨编写模块七，冉安平、汪国庆编写模块八，董劲编写模块九。

在本书的编写过程中，编者参考了大量的文献资料，引用了一些专家学者的研究成果和一些公司的案例资料，在此对这些文献的作者和相关公司表示诚挚的谢意。

由于编者水平有限，书中难免有不足之处，恳请广大读者批评指正，以便我们及时改进。

编者
2024 年 2 月

目录 —— CONTENTS ——

04

05

06 模块六　库内商品养护与防护 ······························ 103

07 模块七　库存控制管理 ······························ 124

01 模块一
智慧仓储基础知识

【学习目标】

知识目标
- 了解仓储的概念、功能及作用
- 掌握仓库的分类和组织架构
- 了解智慧仓储未来的发展趋势
- 了解仓储岗位的职责和职业道德

能力目标
- 具有分辨仓库类型的能力
- 具有自我分析、自我规划的能力

素质目标
- 树立良好的职业操守
- 具备爱岗敬业、诚实守信的职业道德
- 具备主动学习和自我规划的意识

【案例导入】

仓储行业发展现状及前景分析

仓储业指专门从事货物仓储、货物运输中转仓储，以及以仓储为主的物流配送活动。传统仓储仅仅是指仓储企业按照客户要求从事的库存管理和库存控制等仓储业务。现代仓储业的含义更为广泛，它是指以从事仓储业务为主，提供货物储存、保管、中转等传统仓储服务，同时能够提供流通领域的加工、组装、包装、商品配送、信息分析、质押监管融资等增值服务，以及仓库基础设施的建设租赁等业务的仓储型物流企业的集群体。

仓储是物流行业的主要组成部分，是第一、二产业的配套服务产业，作为基础性、战略性产业的定位不断被认识和强化。国内仓储行业广泛应用在烟草、医药、汽车、电商、冷链和零售行业等多个涉及国计民生的重要领域，下游应用领域不断发展，并出现新业态、新产业、新模式，对仓储物流服务提出了更高要求，是中国传统仓储行业不断转型升级的主要发展动力。

目前我国仓储物流行业正处在自动化和集成自动化阶段，未来随着信息技能的发展，仓储物流行业的发展将会联合工业互联网的技术不断向智能化升级。因此，智能仓储成为诸多企业和资本的布局重点。

与此同时，电商巨头们纷纷推进智慧仓储物流体系建设。京东、阿里巴巴、苏宁及唯品会等企业已明确提出了仓储物流体系定位与建设规划。

从长远来看，预计未来国内仓储行业在技术和协同大升级的影响下，将进一步加速仓储智能化和数字化的转型升级，向龙头化、差异化、国际化、服务化和智慧化发展，从而实现仓储乃至整体物流行业的降本增效。

【思考】仓储业对经济发展起什么作用？仓储从业人员应该具备哪些职业素养才能满足行业发展需要？

单元一　仓储基础知识

一、仓储的概念

仓储是物流的两大基本活动之一。"仓"即仓库，是存放、保管物品的建筑物和场地的总称，可以是房屋、大型容器或特定的场地；"储"即储存，表示将物品存放以备使用，具有收存、保护、管理物品及交付使用的作用。因此，"仓储"是指利用仓库及相关设施设备进行物品的入库、储存、出库的活动，是物品在供需之间转移时的一种暂时滞留。

仓储有静态和动态两种：当物品不能被及时消耗，需要专门的场所存放时，便产生了静态的仓储；而将物品存入仓库，以及对存放在仓库的物品进行保管、控制等管理活动时，就形成了动态的仓储。

仓储的对象可以是生产资料，也可以是生活资料，但必须是实物动产。仓储不能创造使用价值，但能增加物品的价值，既具有不均衡性和不连续性，也具有服务性。

微课 1-1

仓储的功能与作用

二、仓储的功能

仓储是保证物流过程正常运转的基础环节之一。

（一）基本功能

基本功能是指为了满足市场的基本储存需求，仓库可开展的基础作业，包括储存、保管、拼装、分类等。其中，储存和保管是仓储最基础的功能。通过基础作业，货物得到有效、符合市场和客户需求的仓储处理。例如，拼装可以为货物进入下一个物流环节做好准备。

（二）增值功能

增值是指通过仓储高质量的作业和服务，使经营方或供需方获取额外的利益。增值功能的典型表现方式包括两点。一是提高客户的满意度。当客户下订单后，物流中心能够迅速组织货物，并将货物按要求及时送达，能提高客户对服务的满意度，从而增加货物潜在的销售量。二是信息的高效传递。在仓库管理的各项事务中，经营方和供需方都需要及时且准确的仓库信息，例如仓库利用水平、进出货频率、仓库的地理位置、仓库

智慧仓储规划与管理

的运输情况、客户需求状况、仓库人员的配置等。这些信息为经营方或供需方进行正确的商业决策提供了可靠的依据，提高了响应速度和经营效率，降低了经营成本，从而为他们带来了额外的经济利益。

（三）社会功能

仓储的社会功能需要从 3 个方面理解。第一，时间调整功能。一般情况下，货物的生产与消费之间具有时间差（如季节性生产，但需全年消费的大米），仓储可以消除这种时间差。第二，价格调整功能。货物的生产和消费之间具有价格差，供过于求、供不应求都会对价格产生影响，而仓储可以减弱货物在产销量上的不平衡，达到调控价格的效果。第三，衔接商品流通的功能。仓储是商品流通的必要条件，为保证商品流通过程的连续性，就必须进行仓储活动。仓储可以防范突发事件（如运输延误、卖主缺货），保证商品顺利流通。

三、仓库的分类

微课 1-2

仓库的分类

根据不同的分类标准，我们可以将仓库分为不同的类型。

（一）按用途分类

按用途分类，仓库可以分为批发仓库、采购供应仓库、加工仓库、中转仓库、零售仓库、储备仓库和保税仓库。

1. 批发仓库

批发仓库主要用于储存从采购供应仓库调进或在当地收购的商品。这类仓库一般靠近商品销售市场，规模同采购供应仓库相比要小一些。它既从事批发供货业务，也从事拆零供货业务。

2. 采购供应仓库

采购供应仓库主要用于集中储存从生产部门收购的和供国际进出口的商品。一般情况下，这类仓库设在商品生产比较集中的大、中型城市或商品运输枢纽所在地。

3. 加工仓库

具有货物加工能力的仓库一般被称为加工仓库。

4. 中转仓库

中转仓库处于货物运输系统的中间环节，用于存放那些等待转运的货物，货物在此处仅做临时停放。这类仓库一般设置在公路、铁路的场站和水路运输的港口码头附近，以方便货物装运。

5. 零售仓库

零售仓库主要为商业、零售业做短期储货，一般用于店面销售。零售仓库规模较小，所储存的货物周转快。

6. 储备仓库

这类仓库一般由国家设置，用于保管应急的储备物资和战备物资。物资在这类仓库中储存的时间比较长，并且储存的物资会定期更新，以保证质量。

7. 保税仓库

保税仓库是指由海关批准设立的供进口货物储存而不受关税法和进口管制条例管理的仓库。储存在保税仓库内的进口货物经批准可在仓库内进行改装、分级、抽样、混合和再加工等，这些货物如再出口则免缴关税，如进入国内市场则须缴关税。

（二）按保管货物的特性分类

按保管货物的特性分类，仓库可以分为冷藏仓库、恒温仓库、危险品仓库和水面仓库。

1. 冷藏仓库

冷藏仓库是指通过机械制冷方式，使仓库内保持一定的温度和湿度，以储存食品、工业原料、生物制品和药品等对温湿度有特殊要求的货物的仓库。冷藏仓库一般适用于农副货物、药品等。

2. 恒温仓库

恒温仓库是指能够调节温度并保持某一温度的仓库。对于恒温仓库而言，温度是关键，温度规定为 22 ℃±5 ℃，湿度规定为 30%～70%。恒温仓库主要适用于储存易受温度影响的货物，如罐头、巧克力、糖果、水果、蔬菜、鲜花、药品、红酒、精密仪器等。

3. 危险品仓库

危险品仓库主要用于储存危险品。危险品可能会对人体及环境造成危害，所以危险品的储存一般都有特定的要求，如许多化学用品的储存都由严格的管理条例进行约束。

4. 水面仓库

水面仓库主要用于储存圆木、竹排等能够在水面上漂浮的货物。

（三）按仓库的构造分类

按仓库的构造分类，仓库可以分为单层仓库、多层仓库和立体仓库。

1. 单层仓库

单层仓库是最常见的，也是使用最广泛的一种仓库。其主要特点有：①设计简单，所需投资较少；②在仓库内搬运、装卸货物比较方便；③各种附属设备（如用于通风、供水、供电等的设备）的安装、使用和维护都比较方便；④仓库的地面承压能力比较强。

2. 多层仓库

多层仓库一般建在人口稠密、土地使用价格较高的地区，需要使用垂直运输设备搬运货物。其主要特点有：①可满足各种不同的使用要求，例如可以让办公室和库房分处两层，在布局方面比较灵活；②将库房和其他部门自然地进行隔离，有利于保证库房的安全；③一般建在靠近市区的地方；④一般用来储存城市居民日常使用的高附加值的小型商品。使用多层仓库的缺点在于，建造、使用、维护的费用较高，商品的存放成本一般较高。

3. 立体仓库

立体仓库一般是指采用几层、十几层甚至几十层高的货架储存单元货物，用相应的物料搬运设备进行货物入库和出库作业的仓库。由于这类仓库能充分利用空间储存货物，因此被形象地称为"立体仓库"。

（四）按仓库的隶属关系分类

按仓库的隶属关系分类，仓库可以分为自用仓库和公用仓库。

1. 自用仓库

自用仓库是指某个企业建立的供自己使用的仓库，这类仓库一般由企业进行管理。

2. 公用仓库

公用仓库是专门提供仓储经营管理服务、面向社会、独立于其他企业的仓库。

（五）按仓库的功能分类

按仓库的功能分类，仓库可以分为储存式立体仓库和拣选式立体仓库。

1. 储存式立体仓库

储存式立体仓库是以大量存放货物为主要功能的立体仓库。这类仓库中储存的货物种类不多，但数量大、存期较长。各种有密集型货架的立体仓库都适合用作储存式立体仓库。

2. 拣选式立体仓库

拣选式立体仓库是以大量进货、多用户、多种类、小批量发出为主要功能的立体仓库。这类仓库要创造方便拣选和快速拣选的条件，因此往往采取自动寻址认址的方式。由于用户需求差异较大，货物难以整进整出，因此该类仓库不适合采用自动化无人作业方式，而通常使用人工拣选方式。拣选式立体仓库多用于配送中心。

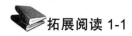 拓展阅读 1-1

仓储管理核心术语

1. 仓库竖向布置

简单来说，仓库竖向布置是指场地中每个因素在立体空间上的布局，其主要形式有就地堆码、上货架存放、架上平台和空中悬柱等。

2. 货位规格化

货位规格化是指运用科学的方法，通过周密的规划设计，对货位进行合理的分类、排列（库房号、货架号、层次号和货位号），使仓库内所有物品的货位排列系统化、规范化。

3. 先进先出法

先进先出法是指以先购入的存货应先发出（即用于销售或耗用）这样一种存货实物流动假设为前提，对发出存货进行计价的一种方法。采用这种方法，先购入的存货成本在后购入存货成本之前转出，据此确定发出存货和期末存货的成本。其具体方法是：收入存货时，逐笔登记收入存货的数量、单价和金额；发出存货时，按照先进先出的原则逐笔登记存货的发出成本和结存金额。

4. 搬运计划

搬运计划是关于货物装卸、转移和放置等具体活动的方案。

5. 搬运作业指导书

搬运作业指导书是一种规范性文件，它为仓库作业人员实施搬运作业提供指导和依据。

6. 物品活载程度

物品活载程度是指物品从静止变为运动的难易程度。

7. 包装储运标志

包装储运标志是指显示货物在装卸、运输、储存、开启时注意事项的标志。根据货物性质，以简单醒目的图案和文字，在包装的一定位置涂写或粘贴。包装储运标志一般由生产单位在货物出厂前，按国家统一标准标印。

8. IQC

IQC 的英文全称是 Incoming Quality Control，意思是来料品质控制，它是指对采购的物料在进入企业时进行的检验工作。

9. 物料保管卡

物料保管卡又称为货卡、料卡，是一种记录物料品名、规格、储存位置等各项信息的实物标签，是仓库作业人员管理物料的"耳目"。

10. 五五堆码法

此方法适用于储存外形较大且规则的物品。使用该方法的要点是做到"五五成行、五五成方、五五成串、五五成堆、五五成层"，这样能使物品叠放整齐，便于点数、盘点和拿取。

11. 仓位图

仓位图是展示仓库中物品具体储存位置的指示图。

12. 目视管理

目视管理是利用颜色等各种视觉感知信息组织现场生产活动，以提高劳动生产率的一种管理方法。

13. 限额发料

限额发料亦称定额发料，是由企业计划部门根据生产计划和材料消耗定额，事先为各车间的货物规定领用材料的数额，仓库即在规定的数额内对车间、部门发料，超过规定数额以后，仓库就不再发料，除非另经批准。限额发料也是控制各车间和其他使用部门的材料成本、保证完成全厂降低成本任务的一种管理形式。

14. 物料退还

物料退还是指物品在检验的过程中出现质量问题，或制造企业里的需用部门在使用物品时遇到物品质量异常、用料变更或溢余，将已办理发放手续的物品退回给仓库的业务活动。

15. ABC 分类管理法

ABC 分类管理法又称重点管理法，是根据事物在技术经济方面的主要特征，按其重要程度对事物进行分类控制的一种管理方法。

16. 物流配送

物流配送是货物出货的末端环节，是将企业生产的成品送交客户的过程。

17. 零库存

零库存是指通过严格的管理，杜绝生产待工、多余劳动、不必要搬运、加工不合理、不良品返修等方面的浪费，从而达到零故障、零缺陷、库存量最小的库存管理模式。

四、智慧仓储未来的发展趋势

微课 1-3

智慧仓储未来的发展趋势

根据目前的市场和技术发展趋势，未来仓储行业将会向技术创新、智能化运营、数字化转型、绿色环保、跨界融合等方向发展。

1. 技术创新

随着人工智能、物联网、大数据等技术的发展，智慧仓储将在技术创新方面持续取得进展。例如，自动化仓库的进一步发展、智能物流系统的优化等，都离不开技术创新的推动。

2. 智能化运营

随着劳动力成本的上升和客户需求的多样化，智能化运营将成为智慧仓储的重要发展趋势。例如，通过智能化管理系统，可以实现仓储的自动化管理，提高仓储的运营效率，满足客户的个性化需求。

3. 数字化转型

数字化转型已经成为智慧仓储行业的必经之路。通过数字化转型，企业可以实现信息的实时传递和共享，提高仓储的透明度和可控性，更好地满足客户需求。

4. 绿色环保

随着环保意识的不断提高，智慧仓储行业也将在绿色环保方面进行更多的尝试。例如，通过采用环保材料、节能技术等手段，实现仓储的绿色运营，提高企业的社会责任感和品牌形象。

5. 跨界融合

智慧仓储行业的发展不仅是仓储本身的发展，还包括与其他产业的融合。例如，智慧仓储与互联网、电商、制造业等产业进行跨界融合，形成更加完整的供应链生态系统。

需要注意的是，这些趋势并不是确定的，未来的发展情况还受到许多其他因素的影响，包括政策环境、经济形势、市场需求等。因此，智慧仓储行业的发展需要灵活应对各种变化，不断进行创新和改进。

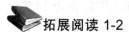　拓展阅读 1-2

智能仓储物流行业发展趋势

智能仓储是指使用互联网、物联网、AI、大数据、云计算等技术，以用户需求为

7

中心所重构的智能化仓储流程。与传统仓储相比，智能仓储重视核心数据的积累与应用，使用新技术促进仓储各个环节流畅运转，降低人力依赖，在节约资源、控制成本、提高空间利用率和作业效率等方面具备更大优势。当前，我国智能仓储市场规模持续壮大，在商业配送与工业应用领域的渗透率不断提升，发展前景广阔，吸引大批企业参与。

1. 政策背景促发展

近年来，国家发改委、工信部、交通运输部等多个部委陆续出台政策，鼓励仓储环节智能化、自动化建设，促进物流行业降本增效。2013 年工信部颁布的《关于推进物流信息化工作的指导意见》提出要提高物流行业自动化、智能化；2014 年国务院制定的《物流业发展中长期规划（2014—2020）》为物流行业树立了更加明确的发展目标，即建设"布局合理、技术先进、便捷高效的现代物流体系"；2021 年，工信部将"厂区智能物流"列入十大典型应用场景，并说明智能仓储具备降低仓储成本、提升运营效率、提升仓储管理能力的优势，是实现智能物流的关键要素；2022 年，交通运输部与科学技术部联合印发《交通领域科技创新中长期发展规划纲要》，明确表明要推进仓储行业的智能化建设，为智能仓储领域发展提供进一步政策支持。总体而言，政策较少单一聚焦于智能仓储行业，一般依托智慧物流、现代物流进行宏观部署。政策颁布频次呈现增加趋势，对仓储行业的数字化水平要求也逐步提高。此外，政策不断推进智能仓储在制造业、农业、电商等领域中的应用，如利用智能仓储优化电子商务企业供应链管理，加强农产品仓储保鲜和冷链物流设施建设、推进农业与智能仓储行业深入融合等。

2. 技术支持助发展

当前，我国智能仓储行业在"互联网+"战略的带动下快速发展，与人工智能、大数据、云计算、物联网等新技术深度融合，整个行业向着运行高效、流通快速的方向迈进，自动化、信息化、智能化程度逐步提升。此外，3D、VR、环境感知、自主定位、路径规划算法等相关技术的突破也为智能仓储行业提供了进一步发展的空间。例如，基于机器视觉软硬件，可以赋予仓储机器人更好的环境感知、自主定位、路径规划能力，这让机器人在群体调度、仓储优化等方面具备先天优势，可覆盖企业仓库、物流园区、转运中心等场景，形成规模化应用。在硬件方面，机械手、传感器、射频识别（RFID）等构成了智能仓储坚实的技术底座，让智能仓储系统具备抓取物品、扫码识别、读取信息等功能。

3. 市场需求催发展

据交通运输部数据，中国物流总费用与 GDP 的比率始终居高不下，2021 年，中国物流运输费用占 GDP 比重为 7.8%，仓储费用占比 5.0%，管理费用占比 1.9%，合计 14.7%。而上述费用在日本的比例为 5.2%、3.0%、0.3%，合计 8.5%；在美国的比例为 4.9%、2.1%、0.3%，合计 7.3%。与发达国家相比，中国物流成本仍有较大下降空间，物流各环节效率亟待提升。为了实现新旧动能转化、促进经济高质量发展，国家发改委及交通运输部发布了《国家物流枢纽布局和建设规划》，要求推动物流效率进一步提升，将物流总费用占

GDP 的比例下降至 12% 左右。而在物流领域，仓储环节则是物流全流程的关键节点，智能仓储应用成为仓储环节降本增效的关键。

一是新技术、新设备的使用，包括高密度多样化的存储设备、智能机器人、智能辅助设备、货到人技术及人工智能技术的引入。

二是在使用新技术、新设备的基础上，通过全面数字化提升仓储物流效率。在和客户交流时，客户多次提到可视化、可追溯化及智能化的调度。为解决客户的痛点问题，顺丰内部使用了一套多棱镜系统，它可以从多个维度利用各种数据对客户的需求做各种各样的分析，从而实现对整个业务生命周期的管理。

资料来源：刘晓利. 后疫情下的仓储业发展认知［J］中国储运，2020（8）：45-46.

 知识巩固

一、不定项选择题

1. 将较大批量的货物集中于一个场所之中的仓储活动称为（　　）。
   A. 分散仓储　　B. 集中仓储　　C. 零库存　　D. 租赁仓储
2. 在仓储过程中对货物进行保护、管理，防止因损坏而丧失价值，体现了仓储的（　　）功能。
   A. 保管　　B. 整合　　C. 加工　　D. 储存
3. 仓储管理活动可以表述为：仓储管理人员和作业人员借助仓储设施和设备，对（　　）进行收发保管。
   A. 库存物　　B. 仓库　　C. 仓库管理系统　　D. 重要物资
4. 纵观中国仓储的发展历史，其大致经历了（　　）等发展阶段。
   A. 中国古代仓储业　　　　　　B. 中国近代仓储业
   C. 社会主义仓储业　　　　　　D. 仓储业现代化发展
5. 仓库的功能包括（　　）。
   A. 储存功能　　B. 保管功能　　C. 整合功能　　D. 加工功能

二、简答题

1. 简述冷链仓储的优缺点。
2. 简述传统仓储业与现代仓储业的区别。
3. 根据隶属关系的不同，仓库可以分为哪些类型？
4. 根据所学内容，谈谈你对仓储业未来发展的看法。

 技能训练

小组作业——根据企业实际情况制定最优仓库选择方案

重庆某中小型金属刀具制造企业因业务拓展，需增建一个仓库用于储存各类金属刀

具（300 种）。该企业负责人希望在实现最大储量、最高效率、最少人力的同时保证仓库的货物储存质量，并愿意在智能化方面投入一定比例的资金。请根据该企业的实际情况制定最优仓库选择方案并汇报。

作业要求：

1. 4～5 人自行分组。小组每个成员均应参与资料收集与整理。
2. 每个小组推荐一人进行 PPT 演示。

单元二　仓库组织架构及仓储岗位职责

仓储部是公司的物资存储部门，也是公司重要财产的保障部门，主要负责所有物资的出入库管理，保障生产物资发放及进行货物发货管理，对原材料、辅料、成品及生产设备备件等进行贮存、发放、防护管理，确保它们的质量，从而保证公司正常运营。

一、仓库组织架构

仓库组织架构有不同的划分方式，分为不同的类型。

（一）按照职能划分

仓库是储存、保管各类物资的场所，承担多项不同的职能，如入库验收、出库验收、仓储保管、运输配送等。企业可以根据职能设计仓库组织架构，如为入库验收设置入库验收主管、入库验收专员，为运输配送设置运输配送主管、配送专员等。按照职能划分的仓库组织架构如图 1.1 所示。

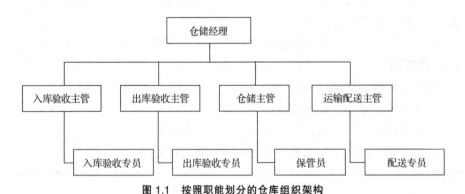

图 1.1　按照职能划分的仓库组织架构

（二）按照储存对象划分

仓库中储存的物品很多，如原材料、辅料、备料、成品等。按照储存对象划分的仓库组织架构如图 1.2 所示。

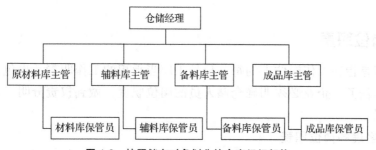

图 1.2　按照储存对象划分的仓库组织架构

（三）按规模划分

仓库组织架构按规模可划分为大型仓库组织架构和中小型仓库组织架构。大型仓库组织架构往往较为复杂，层级较多，如在仓储经理之下设置仓储经理助理，并在仓储主管之下设置保管员、养护员等。而中小型仓库组织架构则较为简单，层级较少，往往由仓储经理直接领导仓储主管、出库主管等。

1. 大型仓库组织架构

大型仓库主要用于大型制造企业，如大型钢厂、电子厂等。大型制造企业往往具有非常庞大的生产规模，物料、成品等进出仓库非常频繁，且数量很大，因此大型仓库的容量也非常大。大型仓库组织架构一般比较复杂，仓储经理、仓储经理助理之下设置了入库验收主管、仓储主管等一系列岗位，如图 1.3 所示。

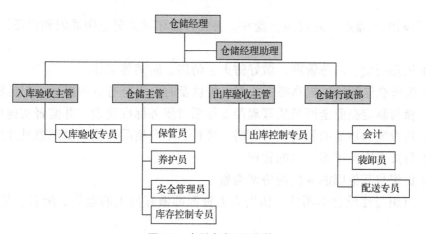

图 1.3　大型仓库组织架构

2. 中小型仓库组织架构

中小型仓库主要用于各类中小型企业，如各类规模较小的五金厂、玩具厂等。中小型企业因为生产规模较小，所以不需要在仓库中设置太多岗位。中小型仓库组织架构一般比较简单，如图 1.4 所示。

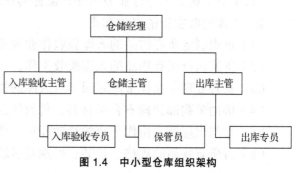

图 1.4　中小型仓库组织架构

二、仓储岗位职责

岗位职责是指在工作岗位上的每一位员工应当承担的工作职责,也包含每个工作岗位的具体工作任务。企业必须明确仓储人员的岗位职责,做到权责分明,才能保障仓储工作顺利开展。

1. 仓储经理的岗位职责

(1)根据企业年度经营计划及战略发展规划,制订仓库工作计划及业务发展规划。

(2)根据企业经营管理整体要求,制定库房管理、出入库管理等各项制度并贯彻实施。

(3)根据企业仓储工作特点,编制各项工作流程及操作标准并监督执行。

(4)贯彻执行企业下达的仓储工作任务,并将各项任务落实到责任人。

(5)采用科学的仓储管理方法,做好库存物品的存储管理及各类物品的出入库管理。

(6)核定和掌握仓库中各种物品的储备定额,并严格控制,保证合理库存。

(7)根据生产任务安排,做好物料、工具等物品的收发服务,并保证物品品质,满足生产需要。

(8)掌握各类物品的收发动态,审查统计报表,定期撰写分析报告并上报相关领导。

(9)定期组织盘点,对盘赢、盘亏、丢失、损坏等情况查明原因和责任,并提出处理意见。

(10)加强安全、消防管理,做好防火、防盗、防潮等工作。

(11)改善仓储环境,提高搬运效率,提供及时、安全有效的搬运、配送服务。

(12)参与制定企业全面品质管理制度体系及服务标准建设,并监督实施情况。

(13)负责废旧物品的管理,对滞料、废料、不合格品等提出处理意见并协助实施。

(14)负责仓库叉车等工具的管理。

(15)负责与其他职能部门的协调沟通。

(16)组织与建设仓库团队,协助人力资源部做好员工的选拔、配备、培训、绩效考核工作。

(17)对下属员工进行业务指导,监督其计划执行,努力提高其积极性和服务意识。

2. 入库验收主管的岗位职责

(1)负责制定所有物品的入库验收作业规范,并监督实施。

(2)落实执行所有物品的入库验收工作,并出具入库验收报告。

(3)妥善处理存在异常问题而不可入库的物品。

(4)协助采购部处理不合格材料、货物的退货工作。

(5)参与供应商、协作厂商的绩效评审工作。

(6)对所有物品的规格、包装、外观及运输条件提出改善意见或建议。

3. 入库验收专员的岗位职责

（1）协助验收主管制定物品入库验收作业规范，并严格参照执行。

（2）负责所有物品的入库验收工作，并如实填写相应的入库验收单。

（3）识别和记录物品的品质问题，对物品的包装、运输及其他方面提出改进建议。

（4）拒收进料中的不合格材料和物件。

（5）做好物品验收记录，对物品的验收情况进行统计、分析和上报。

4. 仓储主管的岗位职责

（1）协助仓管经理制定仓库存货管理、消防安全管理等各项制度。

（2）安排货物的存放地点，登记保管账和货位编号。

（3）组织检查货物的包装是否有漏包、霉变、虫害，清点数量，并按规格、重量分别存放。

（4）组织对仓库进行温湿度管理，物品防霉、防锈管理和病虫害防治工作。

（5）负责仓库安全管理，检查仓库消防、防汛等设施，巡查安全隐患。

（6）负责仓库的现场管理，提高工作效率。

5. 保管员的岗位职责

（1）负责保管区内物品的保管工作，及时登记实物信息。

（2）定期清扫保管区，保证保管区内清洁卫生，无虫害、鼠害。

（3）定期检查所保管的物品品种、数量、品质状况。

（4）负责保管物品的安全管理工作，协助安全管理员进行仓库消防安全管理。

6. 出库主管的岗位职责

（1）制定仓储物品的出库管理制度。

（2）负责制定物品的出库工作流程及优化，提高工作效率。

（3）负责检验出库物品的数量、品质及包装情况。

（4）负责审核出库手续、凭证等是否齐全。

（5）负责物品出库过程中的现场指挥，避免出现意外损失。

（6）监督出库物品装载上车。

（7）每日编制出库物品统计报表。

（8）与生产等部门沟通、协调有关出库物品事宜。

知识链接

其他仓储工作岗位
的职责

7. 出库专员的岗位职责

（1）协助出库主管检验待出库物品的品质、包装情况，清点数量或过磅。

（2）协助审核物品出库手续，凭证等的完整性，确保出库工作准确。

（3）严格按照出库凭证发放物料，做到账、卡、物相同。

（4）负责物料出库过程中人员的安全，指导物品的搬运操作规范，防止意外发生。

（5）出库单的收集、汇总、统计及保管。

（6）出库物品数量统计，并将数据提交给出库主管。

案例分析

究竟是谁的错

A公司是一个专门提供仓储服务的物流公司，大学刚毕业的小杨到该公司从事人力资源管理工作。在工作过程中，他发现该公司的人力资源工作存在一些弊端。例如，工作岗位职责和要求很不明确，没有详细的工作内容、工作说明和规范，也没有相应的成文的规章制度，员工几乎是凭借自己的理解和自觉性履行职责的。这样员工经常以不知道或不明确自己的工作内容为由偷懒，不积极履行职责。特别让他吃惊的是，有一次，他到库房查看员工的工作情况，意外地发现甲、乙两个库区的通道里堆满了杂物和废品，很影响作业人员的行走，也有碍来访人员观瞻，于是他让车间的小王负责清理，小王却声称那不是他们库区的事，不应该让他负责，他只负责保持他们库区内部的卫生。他还表示若要他清理，应支付相应的报酬。小杨听后心里很生气，但又觉得小王的说法似乎也有道理。于是小杨又跑到乙库区了解情况，谁知乙库区的人却说通道里的东西几乎都是甲库区的人堆的，应该由甲库区的人处理。两个库区互相推诿，"垃圾事件"拖了两个星期也得不到有效处理。

此情此景，小杨看在眼里，急在心里，他意识到这件小事反映了一个大问题，并通过仔细观察发现该公司的许多其他岗位都存在类似的问题。从整个公司来看，员工之间的工作关系比较混乱，权责划分不到位、不清晰。出了问题，他们互相推卸责任；有了好事，他们却争相邀功。因此，公司的员工士气低落，工作效率低下。

【思考】（1）如果你是小杨，遇到这种情况后会有什么想法？

（2）作为新人，你会用怎样的方式向领导提出建议？

知识巩固

一、不定项选择题

1. 按照职能划分的仓库组织架构包含的岗位有（　　　）。

A. 入库验收专员　　　　　　　　　　B. 仓库保管员

C. 配送专员　　　　　　　　　　　　D. 成品库保管员

2. 属于仓库储存对象的物品有（　　　）。

A. 原材料　　　B. 辅料　　　C. 成品　　　D. 备料

3. 大型钢厂的仓库组织架构按照（　　　）划分。

A. 储存数量　　　B. 储存对象　　　C. 岗位职能　　　D. 人员多少

4. 下列不属于仓储主管岗位职责的是（　　　）。

A. 安排货物的存放地点，登记保管账和货位编号

B. 组织检查货物的包装是否有漏包、霉变、虫害，清点数量

C. 负责检验出库物品的数量、品质及包装情况

D. 妥善处理存在异常问题而不可入库的物品

二、简答题

1. 简述仓库组织架构的划分方式。

2. 简述仓储保管员的工作职责。

技能训练

小组作业——仓储物流企业岗位职责设置情况调研

作业要求：

1. 4～5 人自行分组完成调研。

2. 调研的主要内容如下。

（1）仓库组织架构。

（2）岗位职责设置情况。

（3）岗位职责履行情况。

3. 调研报告使用统一的模板，以 PDF 格式发送给教师。

单元三　仓储从业人员职业道德

　　职业道德是随着社会分工的发展，在出现相对固定的职业集团时产生的。人们的职业生活实践是职业道德产生的基础。在一定的社会经济关系基础上，某些特定的职业不但要求人们具备特定的知识和技能，而且要求人们具备特定的道德观念、情感和品质。为了维护职业利益和信誉、适应社会的需要，在职业生活实践中，人们根据社会道德的基本要求，逐渐形成了职业道德。

15

一、职业道德的含义

　　职业道德有广义和狭义之分。广义的职业道德是指从业人员在职业活动中应该遵循的行为准则，涵盖了从业人员与服务对象、职业与职工、职业与职业之间的关系。狭义的职业道德是指在特定职业活动中应遵循的、体现一定职业特征的、调整一定职业关系的职业行为准则和规范。

微课 1-4

职业道德

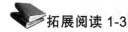
拓展阅读 1-3

兴趣与职业的关系

　　兴趣是指一个人力求认识、掌握某种事物，并经常参与该种活动的心理倾向。人的兴趣在职业活动中起十分重要的作用。在选择职业或岗位时，个体不仅需要了解自己的性格，还需要了解自己的兴趣。有的人对研究自然知识感兴趣，有的人对人际关系领域感兴趣，有的人对智力操作感兴趣……从事不同的职业需要具有不同的兴趣特征，一个擅长技能操作的人，在技能操作领域得心应手，如果让他研究理论，他就会感到英雄无用武之地。兴趣正是人们选择职业时的重要依据。

更为重要的是，如果一个人的职业与自己的兴趣吻合，那么他就会感到工作丰富多彩、趣味无穷，从而产生积极工作的动力。如果一个人的职业与兴趣不吻合，那么这个人在工作中就可能始终是被动的，难以取得好业绩，也就难以获得职业发展的成功。

兴趣在人的职业活动中起重要作用，主要表现为兴趣影响人的职业定向和职业选择、开发人的能力、激发人的探索与创造能力、增强人的职业适应性和稳定性。一个人所从事的工作与其兴趣相吻合，那么他便能发挥全部才能的 80%～90%，并能长时间保持高效率的工作状态；反之，这个人往往只能发挥全部才能的 20%～30%，还容易对工作感到厌恶。

大学生进行兴趣评价的途径主要有兴趣表达、行为观察、知识测验和兴趣测验。

二、仓储从业人员应具备的职业素养

现代物流仓储从业人员应具备的职业素养具体如下。

（一）严谨周密的思维方式

仓储服务是动态、连续的服务，服务质量的持续提高是仓储企业生存和发展的基础。仓储企业要保证货物在仓库内保持原状，在数量和质量上将损失降到最低，从而实现企业利润的最大化。从货物入库到出库的过程中存在多个环节，任何一个环节出现问题，轻则可能增加不必要的费用支出，造成经济损失；重则可能导致仓储服务中断，给客户造成损失，引起法律纠纷和大数额的索赔。因此，现代物流仓储人才不仅要有全面的综合性知识，而且要有严谨的思维模式。

（二）团队合作精神和奉献精神

仓储作业的物理特性表现为一种网状结构。这种网状结构中存在多条线，每条线上又存在多个作业点，任何一个作业点出现问题后没有及时得到妥善解决，就有可能造成整体的瘫痪。所以，仓储从业人员应具备强烈的团队合作精神和奉献精神，在作业过程中，不仅要做好本职工作，还要为相关岗位多想一点和多做一点，使上下游协调一致。现代物流仓储人才如果没有团队合作精神和奉献精神，就不可能将所有作业点有机地结合在一起，也就无法实现目标系统化和业务操作无缝化的目的，更不可能有效准确地提供复杂程度较高的仓储物流服务。

（三）信息技术的学习和应用能力

仓储企业核心竞争力的强弱在很大程度上取决于信息技术的开发和应用。仓储物流过程同时也是信息流动的过程，在这个过程中，货物的供需双方需要随时发出各种货物供需信息，及时了解货物的在途、在库状态，实时监控物流作业的执行情况，因此仓储企业必定要有准确及时处理各种信息和提供各种信息服务的能力。

仓储从业人员必须熟悉信息技术在仓储作业中的应用状况，能够综合使用这一技术提高劳动效率，并且能够在使用过程中提出建设性、可操作性的建议。

（四）组织协调能力

现代物流的灵魂在于系统化方案设计、系统化资源整合和系统化组织管理，包括客户资源、信息资源和能力资源的整合与管理。目前，在现代物流行业没有形成统一标准的情况下，仓储人才更需要具备较强的组织管理能力，在整合客户资源的前提下，有效贯彻企业的经营理念，充分利用设备、技术和人力等企业内部资源来满足客户的需求。

仓储服务的特点之一是仓储企业需要及时与客户沟通协商、与上下游环节协调合作，进行各种信息的传递和反馈。仓储从业人员不仅要有相当丰富的知识，还应具有相当强的沟通、协调能力和技巧。

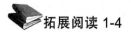 **拓展阅读 1-4**

组织协调能力强的表现

组织协调能力是指根据工作任务，对资源进行分配，同时控制、激励和协调群体活动的过程，使之相互融合，从而实现组织目标的能力。一般认为，组织协调能力包括组织能力、授权能力、冲突处理能力、激励下属能力。

组织协调能力可以通过以下途径培养。

（1）培养坚强的意志，不被困难吓倒，不被失败和挫折压垮。

（2）明确追求目标。明确的目标能增强个体的自信，并使其积极排除干扰和克服心理障碍。

（3）提升知觉能力。这是个体提升观察能力、获取信息和加工信息的主要渠道。

（4）积累丰富的经验。经验可有效地引导个体处理好日常工作，并提升自身的决策判断能力。

（5）提升记忆能力。记忆能力是领导者实施管理及提取必要信息的基本能力。

（五）异常事故处理能力和抗压能力

在市场瞬息万变的情况下，市场对仓储服务的需求呈现一定的波动性，仓储企业作为供需双方的服务提供者，对信息的采集又相对滞后，加上现代物流仓储作业环节多、程序多，从业人员的素养参差不齐，异常事故时有发生。在可利用资源有限的情况下，为保证常规作业的执行，以及从容面对突发事件和突如其来的附加任务，仓储从业人员应具备较强的异常事故处理能力，能够随时准备应急作业，对资源、时间进行合理分配和充分使用。

小测试

你的压力从何而来

（六）创新能力

企业是否有生命力，主要取决于其创新能力；从业人员是否能够确保业务能力不断提升、服务水平连续稳定，主要取决于其对作业质量和效率进行持续改进能力的高低。由于科技的发展、社会的进步，市场对仓储服务水平的期望越来越高，这要求仓储从业人员不断发现潜在问题，及时采取措施，优化作业流程，持续改进作业方式，从而提高作业效率和服务水平。

 知识巩固

一、不定项选择题

1. （　　）是职业品德、职业纪律、专业胜任能力及职业责任等的总称。

 A. 职业道德　　B. 职业操守　　　C. 职业能力　　　　D. 职业素养

2. 创新就是（　　）。

 A. 科技创新　　　　　　　　　B. 创造新的事物

 C. 自主创新　　　　　　　　　D. 少数天才的事情

3. （　　）是社会道德在职业活动中的具体化，是从业人员在职业活动中的行为标准和要求，是本行业对社会所承担的道德责任和义务。

 A. 职业道德　　B. 职业操守　　　C. 职业能力　　　D. 职业素养

4. 下列属于现代物流仓储人才应具备的职业素养的有（　　）。

 A. 抗压能力　　　　　　　　　B. 创新能力

 C. 组织协调能力　　　　　　　D. 自我学习能力

二、简答题

1. 谈谈你对现代物流仓储人才应具有的职业道德的认识。

2. 收集物流人爱岗敬业的事迹，结合收集的信息谈谈物流人如何做到爱岗敬业。

3. 查阅相关文献，谈谈未来物流人应该如何实现创新。

 技能训练

小组作业——准备一场别开生面的交流会

作业要求：

1. 4~5人自行分组，收集仓储从业人员的先进事迹。

2. 将小组收集的先进事迹和心得体会在班级内分享。

【学习目标】

知识目标
- 掌握智慧仓储设备的基本类型和使用方法
- 了解各种设备的构造及工作原理
- 掌握仓库中用到的主要设备及货架的特点
- 掌握自动导引车的概念及特点
- 了解物流机器人的种类及作业特点

能力目标
- 能够针对不同性质的货物选择适合的货架类型
- 能够驾驶叉车叉取托盘
- 能够正确选择与仓储活动相匹配的设备
- 能够规划仓库储存保管空间和分配储位
- 能够操作自动导引车和规划、布局物流机器人

素质目标
- 树立良好的职业操守
- 具有自我分析、自我规划的意识和能力

【案例导入】

正泰电器采用自动化立体仓库提高物流速度

浙江正泰电器股份有限公司（以下简称"正泰电器"）是中国首家以低压电器为主营业务的上市公司，其产品达 150 多个系列、5 000 多个品种、20 000 多种规格。正泰电器在国内建立了 3 级分销网络体系，经销商达 1 000 多家。同时，正泰电器建立了原材料、零部件供应网络体系，合作企业达 1 200 多家。这对正泰电器的物流系统提出了很高的要求，因此正泰电器建设了自动化立体仓库，以解决越来越复杂的物流问题。

1. 自动化立体仓库的功能

自动化立体仓库是正泰电器物流系统中的一个重要部分。它在计算机治理系统的指挥下，高效、合理地储存各种型号的低压电器成品。同时，它还具有节约用地、降低劳动强度、提高物流效率、减少储运损耗、减少流动资金积压等功能。

2. 自动化立体仓库的基本情况

自动化立体仓库占地面积达 1 600 m^2（入库小车通道不占用库房面积），高近 18m，有 3 个巷道（6 排货架）。作业方式为整盘入库、库外拣选。

3. 自动化立体仓库的重要设备

（1）托盘。所有物资均采用统一规格的钢制托盘，以增强互换性，降低备用量。此种托盘能用堆垛机、叉车等设备装卸，又可在输送机上平稳运行。

（2）巷道式堆垛机。巷道式堆垛机配备安全运行设施，以杜绝偶发事故，实现了对库存物资的优良治理，缩短了物资库存周期，提高了资金周转速度，降低了物流成本和治理费用，对提高正泰电器的仓储治理水平具有重要的作用。

【思考】（1）现代化的物流设备对提升仓储治理水平具有怎样的重要作用？
　　　　（2）正泰电器的自动化立体仓库有哪些重要的设备？为何如此配备？

单元一　存储设备

储存是物流作业中的一个重要环节。任何商品，只要不是从生产领域直接进入消费领域，就必然经过储存环节。存储设备是用于储存、保管和养护作业的基础设备。常见的存储设备有货架、托盘和集装箱等。

微课 2-1

货架的认知

一、货架

货架是专门用来存放成件物品的存储设备。在我国，货架在仓库中占非常重要的地位。近年来，随着现代工业的迅猛发展及物流量的不断增加，为实现仓库的高效管理，物流行业对货架的数量和功能都提出了更高的要求。

（一）货架的作用

货架的作用包括：有利于实现仓库的机械化及自动化管理；充分利用仓库的空间，提高库容利用率；便于采用防潮、防尘等设施，以保证存储物品的质量；增强仓库的储存能力；物品存取方便，便于清点及计量；存入的物品互不挤压，可以减少物品的损失。

（二）货架的分类

货架的种类繁多，根据不同的划分方式，货架可以分成不同的类型。

（1）按照发展形态的不同，货架可分为传统式货架和新型货架。传统式货架包括层架、层格式货架、抽屉式货架、橱柜式货架、U 形架、悬臂式货架、栅架、鞍架、气罐钢筒架、轮胎专用货架等。新型货架包括旋转式货架、移动式货架、装配式货架、调节式货架、托盘货架、进车式货架、高层货架、阁楼式货架、重力式货架、屏挂式货架等。

（2）按照适用性的不同，货架可分为通用货架和专用货架。

（3）按照制造材料的不同，货架可分为钢货架、钢筋混凝土货架、木制货架和钢木合制货架。

（4）按照封闭性程度的不同，货架可分为敞开式货架、半封闭式货架和封闭式货架。

（5）按照结构特点的不同，货架可分为层架、层格式货架、橱柜式货架、抽屉式货架、悬臂式货架、三角架和栅架等。

（6）按照可移动性的不同，货架可分为固定式货架、移动式货架、旋转式货架、组合货架、可调式货架和流动储存货架。

（7）按照高度的不同，货架可分为低层货架（高度在 5 m 以下）、中层货架（高度为 5～15 m）、高层货架（高度在 15 m 以上）。

（8）按照载重量的不同，货架可分为轻型货架（每层货架的载重量在 150 kg 以下）、中型货架（每层货架的载重量为 150～500 kg）、重型货架（每层货架的载重量在 500 kg 以上）。

（9）按照载货方式的不同，货架可分为悬臂式货架、橱柜式货架、棚板式货架。

（10）按照构造的不同，货架可分为组合可拆卸式货架、固定式货架。组合可拆卸式货架具有轻便、灵活、适用范围广的特点，固定式货架具有牢固、载重量大、刚性强的特点。组合可拆卸式货架多用于平面仓库和分离式自动仓库，固定式货架多用于库架合一式自动仓库。其中，固定式货架又可分为单元式货架、一般式货架、流动式货架、贯通式货架。

（三）常见的货架

1. 贯通式货架

贯通式货架也称驶入式货架，是一种不以通道分割、连续的整体性货架，如图 2.1 所示。贯通式货架的存储密度大，对地面空间的利用率较高，常用于冷库、食品库等存储空间成本较高的仓库和储存品种少、批量大、对拣选要求不高的货物。贯通式货架是高密度存放货物的重要货架，库容利用率可达 90% 以上。

图 2.1　贯通式货架

2. 驶入驶出式货架

图 2.2 所示为驶入驶出式货架。叉车可以进入驶入驶出式货架的两端进行存取作业，也可以在一端存货，在另一端取货，这样能够实现"先进先出"作业。

图 2.2 驶入驶出式货架

3. 重力式货架

重力式货架又称流动性货架，是一种利用货物自身的重量调整货物存储深度的存储系统，如图 2.3 所示。重力式货架适合大量货物的短期存放和拣选，广泛应用于配送中心、装配车间及出货频率较高的仓库。

图 2.3 重力式货架

4. 阁楼式货架

阁楼式货架主要适用于场地有限且货物品种多、数量少的情况，其底层货架不但能够用于保管物料，而且可以用作支撑上层货架的承重梁，能够降低建筑费用，如图 2.4 所示。底层货架可采用中型货架、重型货架等多种货架，配有楼梯、护栏及电动升降平台等辅助设施，以方便作业。阁楼式货架适用于现有旧仓库的技术改造，通过合理的改造，现有旧仓库可以大大提高空间利用率。

图 2.4 阁楼式货架

5. 悬臂式货架

悬臂式货架适用于存放超长物品、环形物品、板材、管材和不规则物品，适合保管和整理细长物品，特别是加固的立柱结构，如图 2.5 所示。悬臂式货架安装简单，可以承重 2 000～3 000 kg，单臂可承重 200～500 kg，并可通过设计背拉增强稳定性。

（a）空架正面　　　　　　　　　　（b）空架侧面

图 2.5　悬臂式货架

6. 流利货架

使用流利货架（见图 2.6），物品可从有坡道的滑道上端存入，当在下端取货时，物品可借助重力自动下滑，从而实现"先进先出"作业。流利货架使用成本低，存储密度大，广泛应用于零售、医药、化工和电子等行业。

图 2.6　流利货架

二、托盘

为了使物品有效地装卸、运输、保管，物品需要按一定数量组合放置于特定形状的台面上，而且这种台面有供叉车从下部插入并将台板托起的插入口，以此为基本结构的台板和在这种基本结构的基础上所形成的各种形式的集装器具，都可统称为托盘。

（一）托盘的特点

托盘最初是在装卸领域出现的，是物流集装化运输的重要设备，对物流系统的建设起到重要的作用。托盘具有以下特点。

（1）自重量小，便于装卸。

微课 2-2

托盘认知

（2）易空返。托盘空返时占用运力很少。

（3）易装盘。用托盘装运时，无须像用集装箱装运那样使物品深入箱体内部，物品装盘后可采用捆扎、紧包等技术处理，操作更简便。

（4）装载量虽较集装箱小，但能集中一定数量的物品，比一般设备的装载量大。

（二）托盘的分类

托盘按结构分为平托盘和带有上部结构的托盘（如柱式托盘、箱式托盘和轮式托盘等）。

1. 平托盘

平托盘（见图2.7）是一种通用型托盘，在业务中使用量最大。

2. 柱式托盘

柱式托盘（见图2.8）的基本结构是托盘的 4 个角有固定或可拆卸的柱子，这种托盘对角的两根柱子上端可用横梁连接，使柱子变成门框形。柱式托

图2.7　平托盘　　　　　图2.8　柱式托盘

盘的柱子部分用钢材制成，按柱子固定与否，柱式托盘可分为固定柱式托盘和可卸柱式托盘。柱式托盘的主要作用有两个：一是防止托盘上所置货物在运输、装卸等过程中发生塌垛；二是利用柱子支撑，可以将托盘堆高叠放，而不用担心压坏下部托盘上的货物。

3. 箱式托盘

箱式托盘（见图2.9）的基本结构是托盘四周有由板式、栅式、网式等各种箱板组成的箱体，有些箱体上有顶板，有些箱体上没有顶板。箱板有固定式、折叠式和可卸式3 种。箱式托盘的主要特点有两个：一是防护能力强，可有效防止塌垛，减少货损；二是由于四周有箱板，装运范围较大，不但能装运可码垛的整齐包装的货物，也可装运各种不能稳定堆码的货物。

4. 轮式托盘

轮式托盘（见图2.10）的基本结构是在柱式托盘、箱式托盘下部装有小型轮子。这种托盘不但具有一般柱式托盘、箱式托盘的优点，而且可利用轮子做小距离运动，不需要搬运机具就能实现搬运，也可利用轮子做滚上滚下的装卸，还有利于在车、船内移动位置，所以轮式托盘有很强的搬运性。轮式托盘在生产物流中还可以用作作业车辆。

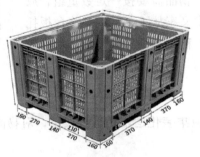

图2.9　箱式托盘　　　　　图2.10　轮式托盘

5.特种专用托盘

上述托盘都带有一定的通用性，适合装多种中小件杂、散、包装货物。由于托盘制作简单、造价低，所以针对某些较大数量运输的货物，制造商制作出装载效率高、装运方便的特种专用托盘，适用于某种有特殊运输要求的物品。现在各国采用的特种专用托盘丰富多样，其中比较典型的包括航空托盘、平板玻璃集装托盘、油桶专用托盘、货架式托盘、长尺寸物托盘、轮胎专用托盘等。

（三）托盘标准

托盘标准化是实现托盘联运的前提，也是实现物流机械化和实施标准化的基础。目前，由于各国的托盘标准制定得相对较早，国际标准化组织无法对其进行绝对统一，所以只能做到相对统一。国际标准化组织制定了 1 200 mm×800 mm、1 200 mm×1 000 mm、1 219 mm×1 016 mm、1 140 mm×1 140 mm、1 100 mm×1 100 mm、1 067 mm×1 067 mm 共 6 种托盘标准。

世界上主要的工业国家或地区都有自己的托盘标准，如表 2.1 所示。

国家或地区	托盘标准
美国	1 219 mm×1 016 mm
澳大利亚	1 165 mm×1 165 mm
欧洲	1 200 mm×800 mm、1 200 mm×1 000 mm
日本	1 100 mm×1 100 mm
韩国	1 100 mm×1 100 mm

我国国家标准《联运通用平托盘 主要尺寸及公差》（GB/T 2934—2007）中建议采用 1 200 mm×1 000 mm 和 1 100 mm×1 100 mm 两种规格的托盘，其中优先推荐 1 200 mm×1 000 mm 规格的托盘。

三、集装箱

集装箱又称货柜，是指具有一定强度、刚度和规格，专供周转使用的大型装货容器。国际标准化组织对集装箱提出以下要求。

- 具有耐久性，可反复使用。
- 便于货物运送，在一种或多种运输方式中无须中途换装。
- 设有便于装卸和搬运的装置，特别是便于从一种运输方式转换至另一种运输方式。
- 设计时应注意便于货物装满或卸空。
- 容积大于或等于 1 m^3。

（一）集装箱标记

为了集装箱在流通和使用过程中方便识别和管理，以及方便单据编制和信息传输，国际标准化组织制定了集装箱标记规则。国际标准化组织规定的标记有必备标记和自选标记两类，每一类标记又可分为识别标记和作业标记。

1. 必备标记

（1）识别标记。按照国家标准《集装箱术语》（GB/T 1992—2023），识别标记包括所有者代码、设备代码、系列号和核对数字。所有者代码由在国际集装箱局注册的 3 位大写拉丁字母表示。设备代码以"U"表示集装箱，以"J"表示挂装在箱体上面的设备，以"Z"表示集装箱挂车或底盘车。系列号又称箱号，由 6 位阿拉伯数字组成，如遇数字不足 6 位时，则在前面用"0"补足 6 位，如 053842。核对数字用来核对所有者代码、设备代码和系列号是否正确有效，它位于系列号之后，以一位阿拉伯数字加一方框表示。

（2）作业标记。作业标记包括以下 3 项内容。

① 额定重量（Max Gross）和自重（Tare）标记。额定重量即集装箱总重，是集装箱的自重与最大允许装货重量之和；自重是指集装箱的空箱重量。额定重量和自重应同时以千克（kg）和磅（lb）表示。

② 空陆水联运集装箱标记（见图 2.11）。由于空陆水联运集装箱仅能堆码两层，因此国际标准化组织对该类集装箱规定了特殊的标记。该标记为黑色，位于侧壁和端壁的左上角，最小尺寸为高 127 mm、长 355 mm，字母标记的字体高度至少为 76 mm。

③ 登箱顶触电警告标记（见图 2.12）。该标记大致为黄色底三角形，一般设置在罐式集装箱和登箱顶的扶梯处，以警告登顶者有触电危险。

图 2.11 空陆水联运集装箱标记　　图 2.12 登箱顶触电警告标记

2. 自选标记

（1）识别标记。识别标记包括国家和地区代号（如中国用 CN，美国用 US）、尺寸和类型代号（箱型代码）。

（2）作业标记。作业标记包括超高标记和国际铁路联盟标记，如图 2.13 所示。

（a）超高标记　　（b）国际铁路联盟标记

图 2.13 超高标记和国际铁路联盟标记

① 超高标记。超高标记表现为在黄色底上标有黑色数字和边框，通常贴在集装箱每侧的左下角，距箱底约 0.6 m 处，同时还要贴在集装箱主要标记的下方。凡高度超过 2.6 m 的集装箱都应贴上此标记。

② 国际铁路联盟标记。凡符合《国际铁路联盟条例》规定的集装箱，可以获得此标记。该标记是在欧洲铁路上运输集装箱的必要通行标记。

（二）集装箱类型

1. 杂货集装箱

杂货集装箱又称干货箱，用来运输无须控制温度的件杂货，使用范围极广，占全部集装箱的 80% 以上，如图 2.14 所示。这种集装箱通常为封闭式，在一端或侧面设有箱门。杂货集装箱通常用来装运文化用品、化工用品、电子器械、工艺品、医药、日用品、纺织品及仪器零件等，也可以装运不受温度变化影响的各类固体散货、颗粒或粉末状的货物。

图 2.14　杂货集装箱

2. 敞顶集装箱

敞顶集装箱是一种特殊的通用集装箱，除箱顶可以拆下外，其他结构与杂货集装箱类似，如图 2.15 所示。敞顶集装箱又分"硬顶"和"软顶"两种。这种集装箱适合装载大型货物和重货，如钢铁、木材等。对于玻璃板等易碎的重货而言，利用吊车从顶部将货物吊入箱内，货物不易损坏，而且也便于在箱内固定。

图 2.15　敞顶集装箱

3. 台架式集装箱

台架式集装箱是指没有箱顶和侧壁，甚至连端壁也没有，而只有底板和 4 个角柱的集装箱，如图 2.16 所示。这种集装箱可以从前后、左右及上方进行装卸作业，适合装载长大件和重货件，如重型机械、钢材、木材等。台架式集装箱没有水密性，不能装运怕水的货物，若要装运此类货物，需要用帆布遮盖。

图 2.16　台架式集装箱

4. 平台集装箱

平台集装箱是指无上部结构、只有底部结构的集装箱，如图 2.17 所示。这种集装箱的采用打破了过去一直存在的集装箱必须具有一定容积的看法，平台集装箱在欧洲使用得较多。

图 2.17　平台集装箱

5. 冷藏集装箱

冷藏集装箱是指具有制冷或保温功能，可用于运输冷冻货或低温货的集装箱，如图 2.18 所示。

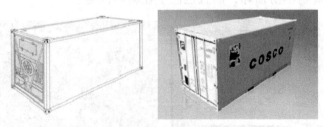

图 2.18　冷藏集装箱

6. 散货集装箱

散货集装箱主要用于装运麦芽、粒状化学品和谷物等，也可用于装运普通的件杂货。

7. 通风集装箱

通风集装箱的外表与杂货集装箱类似，但通风集装箱的侧壁或端壁上设有 4～6 个通风口，如图 2.19 所示。通风集装箱适合装载球根类作物、食品等易"汗湿"变质的货物，将通风口关闭后，通风集装箱可作为杂货集装箱使用。

图 2.19　通风集装箱

8．罐状集装箱

罐状集装箱用于装运油类、液体食品及液态化学品等，还可以用来装运酒精和其他液体危险品，如图 2.20 所示。罐状集装箱由罐体和箱体框架构成。

图 2.20　罐状集装箱

9．动物集装箱

动物集装箱是指装运鸡、鸭、鹅等活家禽和牛、马、羊、猪等活家畜的集装箱，如图 2.21 所示。箱顶采用胶合板覆盖，侧面和端面都有金属网制的窗，通风良好。侧壁的下方设有清扫口和排水口，便于清洁。

图 2.21　动物集装箱

10. 汽车集装箱

汽车集装箱（见图 2.22）是在简易箱底上装了一个钢制框架而制成的，箱底通常采用防滑钢板。

图 2.22　汽车集装箱

11. 服装集装箱

服装集装箱是杂货集装箱的一种变形，内侧梁上装有许多横杆，每根横杆上系有若干绳扣，如图 2.23 所示。

图 2.23　服装集装箱

 **知识巩固**

一、不定项选择题

1. 货架按照（　　）分类，可分为轻型货架、中型货架和重型货架。

    A. 规格 　　　　　B. 型号 　　　　　C. 复杂性 　　　　　D. 载重量

2. 悬臂式货架不适合存放（　　）。

    A. 小件规则物品　B. 管材 　　　　　C. 环形物品 　　　　D. 超长物品

3. 适合保管多品种、小件货物的货架是（　　）。

    A. 自动货架 　　　B. 旋转式货架 　　C. 移动式货架 　　D. 托盘货架

4. 下列属于集装箱特点的是（　　）。

    A. 具有耐久性，可反复使用

    B. 便于货物运送，在一种或多种运输方式中无须中途换装

C. 设有便于装卸和搬运的装置，特别是便于从一种运输方式转换至另一种运输方式

D. 容积大于或等于 1 m³

5. 我国常用的托盘尺寸是（　　　）。

A. 1 200 mm×800 mm

B. 1 200 mm×1 000 mm

C. 1 140 mm×1 140 mm

D. 1 100 mm×1 100 mm

二、简答题

1. 简述货架的作用。

2. 按照构造的不同，货架可以划分为哪些类型？

3. 描述托盘的特点。

4. 根据所学内容，对各国或地区托盘标准进行汇总。

5. 简述集装箱的特点。

技能训练

小组作业——做一个合格的货架销售员

A 商贸有限公司是一家专供物流设备的企业，其主营设备包括货架、叉车、托盘、物流箱等。请你为该企业整理一份有关货架的销售资料，以便向物流企业销售货架。

作业要求：

1. 4～5 人自行分组，从货架的定价、种类、特点、适用范围等方面整理相关信息。

2. 将整理好的信息做成 PPT，进行汇报及路演。

单元二　装卸搬运设备

装卸搬运设备是实现装卸搬运作业机械化的基础。合理配置和应用装卸搬运设备，充分发挥装卸搬运设备的效能，安全、迅速、优质地完成货物装卸、搬运、堆码等作业任务，是实现装卸搬运作业机械化、促进物流现代化的一项重要内容。

一、物流机器人

物流机器人是指应用于仓库、分拣中心及运输途中等场景，完成货物转移、搬运等操作的机器人。随着物流技术的发展，物流机器人能按照预先设定的命令高速准确地将不同外形、尺寸的包装货物整齐地码放或拆卸在托盘上，完成货物的码盘、搬运、堆垛和拣选等作业。在有污染、高温、低温等特殊环境和重复单调的作业环境中，其优势更

加明显。

（一）物流机器人的分类

根据堆垛机结构、抓取货物的重量和动作范围、动力系统的驱动方式、抓取形式的不同，行业内对物流机器人做出如下分类。

（1）根据堆垛机结构的不同，物流机器人可分为直角坐标型机器人、圆柱坐标型机器人、球坐标型机器人、垂直多关节型机器人和多关节型机器人（见图 2.24）。在仓库货物装卸中，应用最多的是直角坐标型机器人和多关节型机器人。

图 2.24　多关节型机器人

（2）根据抓取货物的重量和动作范围的不同，物流机器人可分为大型机器人、中型机器人和小型机器人。其中，大型机器人抓取货物的重量为 $100\sim1\,000\,\text{kg}$，动作范围为 $10\,\text{m}^3$；中型机器人抓取货物的重量为 $10\sim100\,\text{kg}$，动作范围为 $1\sim10\,\text{m}^3$；小型机器人抓取货物的重量为 $1\sim10\,\text{kg}$，动作范围为 $0.1\sim1\,\text{m}^3$。

（3）根据动力系统的驱动方式的不同，物流机器人可分为液压驱动型机器人、气动型机器人和电动型机器人。

（4）根据抓取形式的不同，物流机器人可分为侧夹型机器人、底拖型机器人和真空吸盘型机器人。

另外，物流机器人还可分为固定型机器人和移动型机器人。

（二）物流机器人的工作过程

物流机器人的工作过程：仓库中的货物经由人工或机械化手段放到载货台上；物流机器人通过智能系统对货物的位置和尺寸进行识别，并将货物放到指定的输送系统上；物流机器人根据计算机发出的入库指令完成堆垛作业，同时根据出库信息完成拣选作业。

二、自动导引车

随着仓储自动化技术、计算机集成制造系统技术的发展，以及柔性制造系统和物流行业的发展，自动导引车（Automatic Guided Vehicle，AGV）得到了广泛的应用，已经成为物流系统中的重要搬运设备。世界上第一台 AGV 出现在美国，是由美国 Barret 电子公司于 20 世纪 50 年代初期开发的，随后 AGV 在欧洲、日本等地迅速得到了发展。

20 世纪 70 年代末，我国研制出第一台 AGV。

　　AGV 是按设定的路线自动行驶或牵引载货台车至指定地点，再用自动或人工方式装卸货物的工业车辆，如图 2.25 所示。

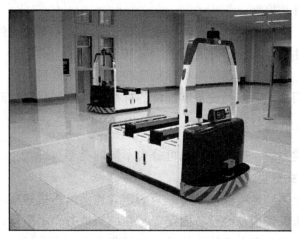

图 2.25　AGV

三、连续输送机

微课 2-3

　　连续输送机是指以连续、稳定、均匀的输送方式，沿着一定的搬运线路输送散装货物或成件货物的机械设备，如图 2.26 所示。连续输送机能在规定的时空内连续输送大量货物，搬运效率高且成本低，搬运时间可准确控制，货流稳定，因此被广泛应用于散货和小件杂货物流系统中。

运送设备和注意事项

图 2.26　连续输送机

（一）连续输送机的特点

　　连续输送机不仅是生产加工过程中组成机械化、自动化、智能化、连续化的流水作业运输线不可缺少的部分，也是物流多环节装卸转运的基本设备。

　　连续输送机具有下列特点。

　　（1）高速。连续输送机的输送路线固定，加上散料具有连续性，所以装货、输送、卸货可以连续进行。连续输送机在输送货物的过程中极少紧急制动和启动，因此可以采用较高的工作速度，效率很高，而且不受距离的影响。

（2）自动控制简单。由于输送路线固定，运动方式简单，而且调速简单，所以连续输送机较容易实现自动控制。

（3）专用性强。一般来说，一种连续输送机仅适用于相对固定的几种类型的货物，对于重量很大的单件杂货来说，普通的连续输送机是不适用的。

（4）经济性好。一般的连续输送机性价比较高，耐用性强。

（5）零部件通用性好。该类设备零部件的标准化、系列化程度高，维修简单。

（二）连续输送机的分类

按照不同的分类方式，连续输送机可分为不同的类型。

1. 按照安装方式分类

按照安装方式分类，连续输送机可分为固定式连续输送机和移动式连续输送机两大类。固定式连续输送机是指整个设备固定安装在一个地方，不能移动，主要用于固定输送场合，如专用码头和仓库中货物的移动，工厂各生产工序之间的物料输送、原料的接收和成品的发放等。它具有输送量大、单位电耗低、效率高等特点。移动式连续输送机安装在车轮上，可以移动，具有机动性强、利用率高、能及时布置输送作业达到装卸要求的特点。移动式连续输送机输送量较小，输送距离短，适用于中小型仓库。

2. 按照结构特点分类

按照结构特点分类，连续输送机可分为有挠性牵引构件的连续输送机和无挠性牵引构件的连续输送机。有挠性牵引构件的连续输送机的工作特点是物料或货物会在牵引构件的作用下向一定的方向输送。牵引构件是循环往复的一个封闭系统，通常是一部分牵引构件输送货物，另一部分牵引构件处于返回途中。常见的有挠性牵引构件的连续输送机有带式输送机、链式输送机、斗式提升机、悬挂输送机等。无挠性牵引构件的连续输送机的工作特点是利用工作构件的旋转运动或振动将货物向一定的方向运送，它的工作构件不具有循环往复形式。常见的无挠性牵引构件的连续输送机有气力输送机、螺旋输送机、振动输送机等。

此外，按照输送货物种类的不同，连续输送机还可分为件货连续输送机和散货连续输送机；按照输送货物动力的形式不同，连续输送机可分为机械式连续输送机、惯性式连续输送机、气力式连续输送机、液力式连续输送机等。

（三）连续输送机的安全防护及使用注意事项

在使用连续输送机时，我们要注意以下几点，避免发生安全事故。

（1）室外操作时应避免雨淋、进水，以免发生电机及电路故障。

（2）设备底座应牢固平整，以便于移动和操作。

（3）正确运用过载保护技术及装置，防止电流过载和运力过载。

（4）运行中要正确运用润滑技术，选用合适的润滑油和时点。

（5）在转轴、开合、飞轮等部位加装防护网罩，避免工伤事故发生。

（6）对设备的振动、冲击和噪声进行监控，一旦发生异常，要妥善处理，停机检查。

四、叉车

叉车又称工业搬运车辆，是指对成件托盘货物进行装卸、堆垛和短距离运输作业的轮式搬运设备。叉车广泛应用于港口、车站、机场、货场、工厂车间、仓库、流通中心和配送中心等，可在船舱、车厢和集装箱内进行托盘货物的装卸、搬运作业，是托盘运输、集装箱运输中必不可少的设备。

（一）叉车的作用与特点

在物流装卸作业中，叉车除了能够减轻装卸工人的劳动强度、提高装卸效率、缩短船舶与车辆的在港停留时间、降低装卸成本，还具有以下特点。①机械化程度高。在使用各种取物装置或在货叉与货板配合使用的情况下，叉车可以实现装卸作业的完全机械化，不需要人工辅助。②机动灵活性好。叉车尺寸小、重量轻，能在作业区域内任意调动，能适应货物数量及货物方向的改变，可机动地与其他起重运输机械配合工作，提高其他起重运输机械的使用率。③可以"一机多用"。叉车可以配备各种属具，如货叉、铲斗、臂架、串杆、货夹、抓取器、倾翻叉等，完成各种形状和大小的货物装卸作业，扩大对特定物料的装卸范围，并提高装卸效率。④提高仓库的利用率，叉车的堆码高度一般可达 3.5 m。⑤有利于开展托盘成组运输和集装箱运输。

（二）叉车的分类

叉车按照动力系统的不同，通常可以分为内燃叉车、电动叉车和仓储叉车。

1. 内燃叉车

内燃叉车（见图 2.27）是指以柴油、汽油或者液化石油气为燃料，由发动机提供动力的叉车，载重量为 0.5~52 t。它是目前物流行业内应用时间最长的叉车类型，机动性能好，功率大，用途较为广泛，常用于室外作业。因承载能力较强，内燃叉车多适用于对木托盘、塑料托盘、塑木托盘、金属托盘等进行作业。

图 2.27　内燃叉车

内燃叉车又可分为普通内燃叉车、重型叉车、集装箱叉车和侧面叉车。

（1）普通内燃叉车一般采用柴油、汽油、液化石油气发动机，载重量为 1.2～8 t，对作业通道宽度的要求一般为 3.5～5 m，通常用在室外、车间或其他对尾气排放和噪声没有特殊要求的场所。由于燃料补充方便，因此普通内燃叉车可实现长时间连续作业，而且能在恶劣的环境下（如雨天）作业。

（2）重型叉车采用柴油发动机，载重量为 10～52 t，一般用于载运货物较重的码头、钢铁等行业的户外作业。

（3）集装箱叉车采用柴油发动机，载重量为 8～45 t，常应用于集装箱搬运，如集装箱堆场或港口码头作业。

（4）侧面叉车采用柴油发动机，载重量为 3～6 t。在不转弯的情况下，侧面叉车具有直接从侧面叉取货物的能力，因此主要用来叉取长条形的货物，如木条、钢筋等。

2. 电动叉车

电动叉车以电动机为动力装置，载重量为 1～8 t，对作业通道宽度的要求一般为 3.5～5 m。由于没有污染、噪声小，电动叉车被广泛应用于室内操作和其他对环境要求较高的场所。随着人们对环境保护的重视，电动叉车正在逐步取代内燃叉车。由于承载能力较弱，电动叉车更适用于对木托盘、塑料托盘、塑木托盘等进行作业。

3. 仓储叉车

仓储叉车主要是为仓库内的货物搬运而设计的叉车。除了少数仓储叉车（如手动托盘叉车）是采用人力驱动的，其他都是以电动机驱动的。因车体紧凑、移动灵活、自重轻和环保性能好，仓储叉车在仓储业得到普遍应用。

仓储叉车主要用于搬运仓库内的货物，适用于对木托盘、塑料托盘、塑木托盘等进行作业。

知识巩固

一、不定项选择题

1.（　　）是指对成件托盘货物进行装卸、堆垛和短距离运输作业的轮式搬运设备。

    A. 集装箱　　　　　B. 托盘　　　　　C. 叉车　　　　　D. 堆高机

2. 下列属于连续输送机特点的有（　　　）

    A. 高速性　　　　　　　　　　　B. 自动控制简单

    C. 专用性强　　　　　　　　　　D. 经济性好

3. 按照动力系统不同，叉车可分为（　　　）

    A. 内燃叉车　　　　　　　　　　B. 电动叉车

    C. 仓储叉车　　　　　　　　　　D. 侧移式叉车

4. 中型机器人抓取货物的重量是（　　　）

    A. 100～1 000 kg　　　　　　　B. 10～100 kg

　　C. 1～10 kg　　　　　　　　　　D. 5 kg

5. 下列属于重要搬运设备的是（　　　）。

　　A. 自动牵引车　　B. 起重机　　　　C. 叉车　　　　D. 连续输送机

二、简答题

1. 简述物流机器人的工作过程。

2. 简述叉车的特点。

3. 根据所学内容，说一说在使用连续运输机时的注意事项。

 **技能训练**

小组作业——观察智慧物流作业技术

通过实地调查或观看视频资料，观察生活中所用到的智慧物流作业技术。

作业要求：

1. 4～5 人自行分组，了解生活中应用了哪些智慧物流作业技术，对技术应用前后的效果进行对比分析，说明智慧物流作业还能进行哪些优化。

2. 将整理好的信息做成 PPT，进行现场交流。

03 模块三
仓储规划与设计管理

【学习目标】

知识目标

- 了解仓库选址的含义和原则
- 掌握仓库选址的影响因素
- 掌握空间布局的基本原则
- 掌握仓库四大面积核算的方法
- 掌握仓库的"五距"
- 了解货位编号的原则和要求

能力目标

- 能够根据实际情况完成仓库选址
- 能够合理划分仓库存储区域
- 能够完成仓库动线设计
- 能够进行货架布局

素质目标

- 具有大局意识、全局意识、安全意识
- 具有整体规划、解决问题的能力
- 培养在专业领域上精益求精的精神

【案例导入】

天津市滨海新区仓库爆炸

2015 年 8 月 12 日，位于天津市滨海新区的瑞海国际物流有限公司（以下简称"瑞海公司"）危险品仓库发生爆炸事故，造成大量人员伤亡和巨大财产损失。经国务院调查组调查认定，该事故是一起特别重大生产安全责任事故。

调查组查明，事故产生的直接原因是瑞海公司危险品仓库运抵区南侧集装箱内的硝化棉由于湿润剂散失出现局部干燥，在高温（天气）等因素的作用下加速分解放热，积热自燃，引起相邻集装箱内的硝化棉和其他危险化学品长时间大面积燃烧，导致堆放于运抵区的硝酸铵等危险化学品发生爆炸。

调查组认定，瑞海公司严重违法违规经营，是造成事故发生的主体责任单位。瑞海公司严重违反天津市城市总体规划和滨海新区控制性详细规划，无视安全生产主体责任，违法建设危险货物堆场,于 2012 年 11 月至 2015 年 6 月多次变更经营资质和储存危险货物,安全管理极其混乱,致使大量安全隐患长期存在。

针对事故暴露出的问题,调查组提出了 10 个方面的防范措施和建议:坚持安全第一的方针,切实把安全生产工作摆在更加突出的位置;推动生产经营单位落实安全生产主体责任,任何企业不得违法违规变更经营资质;进一步理顺港口安全管理体制,明确相关部门安全监管职责;完善规章制度,着力提高危险化学品安全监管法治化水平;建立健全危险化学品安全监管机制,完善法律法规和标准体系;建立全国统一的监管信息平台,加强危险化学品监控监管;严格执行城市总体规划,严格安全准入条件;大力加强应急救援力量建设和特殊器材装备配备,提升生产安全事故应急处置能力;加强安全评价、环境影响评价等中介机构的监管,规范其从业行为;集中开展危险化学品安全专项整治行动,消除各类安全隐患。

【思考】(1)建立危险品仓库应该遵循哪些原则?
　　　　(2)如何做才能避免类似事件发生?

单元一　仓库选址

对于物流企业来说,仓库选址对其发展十分重要,盲目进行仓库选址可能会造成巨大的浪费。规划是指在整体设计的基础上,事先对全部程序进行周详、系统的分析,再定出一个明晰的架构,以便于系统的建立。显然,仓储系统规划层面的核心工作是对仓库的布局与规模进行准确的把握,仓库选址会直接影响企业的服务和工作效率。因此,在进行仓库选址时,企业必须充分考虑多方面因素的影响,慎重决策。

一、仓库选址的含义

仓库选址是指在一个具有若干供应点及需求点的经济区域内,选一个地址建立仓库的规划过程。因为仓库中的建筑物及设备投资太大,所以企业在进行仓库选址时要慎重,如果选址不当,损失往往巨大且难以弥补。

微课 3-1

仓库选址的含义及原则

二、仓库选址的原则

企业在进行仓库选址时要遵循一定的原则,以减少不必要的损失。仓库选址的原则包括以下几点。

1. 适应性原则

仓库选址要与国家及地区的产业导向、产业发展战略相适应,与国家的资源分布和需求分布相适应,与国民经济及社会发展相适应。

2. 协调性原则

仓库选址应将国家的物流网络作为一个大系统进行考虑,从而使仓库的设施设备在区域分布、物流作业生产力、技术水平等方面相互协调。

3. 经济性原则

仓库选址要保证仓库建设费用和物流费用较低，如选在市区还是郊区，靠近港口还是车站，既要考虑土地费用，又要考虑未来的运输费用。

4. 战略性原则

企业在进行仓库选址时要有大局观，一是要考虑全局，二是要考虑长远。要有战略眼光，使局部利益服从全局利益，使眼前利益服从长远利益，用发展的眼光看待问题。

5. 可持续发展原则

可持续发展原则主要指仓库选址在环境保护上要充分考虑长远利益，维护生态环境，促进城乡一体化发展。

 **案例分析**

马谡失街亭

建兴六年（公元228年）正月，诸葛亮亲率大军北伐，准备攻打魏国军事重地祁山（今甘肃省礼县东）。在讨论由谁担任前锋部队将领时，大家都认为名将魏延、吴懿是合适的人选，而诸葛亮却力排众议，提任马谡为前锋部队将领率军进驻街亭（今甘肃省庄浪县东南）。

魏明帝听说诸葛亮率军北上，派遣将军张郃率领5万名步骑兵迎击蜀军。

马谡到了街亭后，擅自改变诸葛同他商量好的军事部署，不设重兵据守街亭要塞，而把部队驻扎在山上。部将王平一再劝告马谡不能离开水源在山上扎营，马谡自以为是，拒不采纳王平的正确意见。王平只好率领1000多名士兵驻扎在山下。由于马谡疏于设防，张郃领军轻易攻占街亭。接着，张郃率军将马谡部众围困在山上，切断其取水道路。马谡部众困顿不堪，被魏军打得大败。王平率兵在山下擂鼓呐喊，张郃怀疑蜀军设有伏兵，未敢追击，马谡才得以率残部突围撤回。

街亭失守后，诸葛亮失去进军的据点，只好退回汉中（今陕西省汉中市）。

【思考】（1）马谡失街亭的具体原因是什么？

（2）你能得到哪些启示？

微课 3-2

仓库选址的影响因素

三、仓库选址的影响因素

企业在进行仓库选址时，主要考虑自然环境因素、经营环境因素、基础设施状况、其他因素等，具体如下。

（一）自然环境因素

自然环境因素主要是指气候条件、地质条件、水文条件、地形条件等。

（1）气候条件：主要包括年降水量、空气温湿度、风力、无霜期、冻土厚度等。

（2）地质条件：主要指土壤的承载能力。仓库是大宗货物的集结地，货物会对地面形成较大的压力，如果地下存在淤泥层、流沙层、松土层等，则该地方不适合建设仓库。

（3）水文条件：要认真搜集选址地区近年来的水文资料，仓库须远离容易泛滥的大河流域和地下水的上溢区域，地下水位不能过高，故河道及干河滩也不可选。

（4）地形条件：仓库应建在地势高、地形平坦的地方，尽量避开山区及陡坡地区，且建仓区域最好呈长方形。

（二）经营环境因素

经营环境是影响企业生产经营活动的外部条件，是制约企业生存和发展的重要因素。我们可以将经营环境因素分为宏观因素和微观因素。宏观因素主要包含国家政策、行业发展情况、当地政策的扶持力度、当地的劳动力素质等。微观因素主要包含物流费用、货物特性、物流服务水平等。

（1）物流费用。仓库应该尽量建在接近物流服务需求地（如大型工业区、商业区）的地区，以便缩短运输距离，减少运费等物流费用。

（2）货物特性。存储不同类型货物的仓库应该布局在不同地域，如生产型仓库应结合产业结构、货物结构、工业布局进行选址。

（3）物流服务水平。该因素是影响物流行业效益的重要指标之一，所以企业在选择建设仓库的地址时，要考虑货物能否及时送达，应保证客户无论在任何时候提出需求都能获得满意的服务。

（三）基础设施状况

基础设施包括交通、通信、供水供电、商业服务、科研与技术服务、园林绿化、环境保护、文化教育、卫生等市政公用工程设施和公共生活服务设施等。总体来说，基础设施状况可以分为交通条件和公共设施状况两个方面。

（1）交通条件。仓库周边必须交通便利，仓库最好靠近交通枢纽，如港口、车站、交通主干道（国道、省道）、铁路编组站、机场等，同时至少应该有两种运输方式可选择。

（2）公共设施状况。仓库周边应道路畅通、通信发达，相应公共设施有充足的水、电、气、热的供应能力，有污水和垃圾处理能力。

（四）其他因素

仓库选址还受国土资源利用、环境保护及地区周边状况等因素的影响。

（1）国土资源利用。仓库的建设应充分利用土地，节约用地，充分考虑地价的影响，还要兼顾区域与城市的发展规划。

（2）环境保护。仓库的建设要注意保护自然与人文环境，尽可能降低对城市生活的干扰，不影响城市交通，不破坏城市生态环境。

（3）地区周边状况。一是仓库周边不能有火源，不能有住宅区。二是要考虑仓库周边地区的经济发展情况是否对物流行业有促进作用。

四、仓库选址的步骤

仓库选址对商品的流转速度和流通费用产生直接的影响，并关系到企业对客户的服务水平和服务质量，最终影响企业的销售量和利润。仓库选址一旦不当，将给企业带来很多不良后果，而且难以改变。在进行仓库选址的时候，企业首先要考虑以下两个问题。①仓库选址是否与企业的战略利益相符合？②仓库选址能否满足企业对原材料和市场营销的要求，提高对客户的服务水平和降低总体的成本？

仓库选址可分为两步：第一步为分析阶段，具体分为需求分析、费用分析和约束条件分析3个方面；第二步为选址及评价阶段，即根据分析结果，选定具体地点，并对所选地点进行评价。

（一）分析阶段

分析主要是从以下3个方面进行的。

（1）需求分析：根据物流行业的发展战略和布局，对某一地区的客户及潜在客户的分布进行分析，对供应商的分布进行分析。

（2）费用分析：工厂到仓库的运输费、仓库到客户的配送费等，会随着距离的变化而变动，与设施和土地有关的费用是固定的，人工费是根据业务量的大小确定的，企业对以上费用必须综合考虑，进行成本分析。

（3）约束条件分析：主要检查仓库位置是否合适，即仓库是否靠近铁路货运站、港口、公路主干道；道路是否通畅，仓库位置是否符合城市或地区的规划；仓库位置是否符合政府的产业布局，有没有法律制度约束；地价的高低等。

（二）选址及评价阶段

分析阶段结束后，整理得出综合报告，根据分析结果选出几个仓库地址，然后对其进行评价，以确定一个可行的仓库地址，编写选址报告，并报送主管领导审批。评价方法有量本利分析法、加权评分法、重心法等。

1．量本利分析法

任何选址方案都有一定的固定成本和变动成本，不同选址方案的成本和收入会随仓库储量的变化而变化。通过量本利分析法，我们可采用作图或计算的方式对选址方案进行分析。采用计算方式时，要求计算各方案的盈亏平衡点的储量及各方案总成本相等时的储量，然后在同一储量的前提下选择利润最大的方案。

2．加权评分法

加权评分法是指对影响选址的因素进行评分，把每一地址各因素的得分按权重累计，通过比较各地址的累计得分来判断优劣。

应用加权评分法的步骤：①确定有关因素；②确定每个因素的权重；③为每个因素确定统一的数值范围，并确定每个地址各因素的得分；④累加各地址每个因素的得分与权重之积，得到各地址的总评分；⑤选择总评分最高的方案。

3. 重心法

重心法是一种模拟方法，它将物流系统中的需求点和资源点看成是分布在某一平面范围内的物流系统，各点的需求量和资源量分别看成是物体的重量，物体系统的重心作为物流网点的最佳设置点，利用求物体系统重心的方法确定物流网点的位置。

这种方法主要考虑的因素是现有设施之间的距离和要运输的货物量，将货物运输量作为影响货物运输费用的主要因素，仓库尽可能接近运量较大的网点，从而使较大的货物运量选择相对较短的路程。

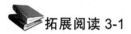拓展阅读 3-1

仓库选址方案的具体内容

（1）选址概述。扼要叙述选址的依据（需求分析）、原则，制订几个方案，选出一个最优方案。

（2）选址要求及主要指标。应说明为适应仓库作业的特点、完成仓储作业应满足的要求，列出主要指标，如库区占地面积、库区内各种建筑物的总面积、仓库需用人工总数、年仓储量、总费用（包括拆迁费用）。

（3）仓库位置说明及平面图。说明仓库的具体方位、外部环境，并画出区域位置图。

（4）地质、水文、气象情况，以及交通、通信条件。

（5）政府对物流产业的扶持力度。

（6）审查通过后，确定选址结果。

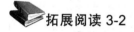拓展阅读 3-2

特殊货物仓库选址的注意事项

（1）果蔬食品仓库应选在入城干道处，以免运输距离过长、货物损耗过大。

（2）冷藏品仓库应选在屠宰场、加工厂附近，且由于设备噪声较大，这类仓库应选在城郊。

（3）建筑材料仓库因流通量大、占地多，防火要求严格，有些还有污染，所以应选在城市周边、交通干线附近。

（4）燃料及易燃材料仓库应选在城郊的独立地段。若位于气候干燥、风大的城镇，这类仓库应选在大风季节的下风位，远离居民区，最好选在地势低洼处。

知识巩固

一、不定项选择题

1. 仓库选址的原则包括（   ）。

A. 适应性原则　　　　　　　　　　B. 协调性原则

C. 经济性原则　　　　　　　　　　D. 关注当下原则

2. （　　）原则主要指仓库选址在环境保护上要充分考虑长远利益，维护生态环境，促进城乡一体化发展。

    A．战略性　　　　B．可持续发展　　　C．协调性　　　　D．适应性

3. 影响仓库选址的自然环境因素主要有（　　）。

    A．气候条件　　B．地质条件　　　　C．水文条件　　　D．地形条件

4. 下列关于仓库选址的说法正确的是（　　）。

    A．地下存在淤泥层、流沙层、松土层等，不适合建设仓库

    B．尽量避开山区及陡坡地区

    C．应该尽量选择建在接近物流服务供给地处

    D．靠近交通枢纽

5. 在进行仓库选址的时候首先要考虑的问题是（　　）。

    A．政策是否支持

    B．仓库选址是否与企业的战略利益相符合

    C．仓库选址能否满足企业对原材料和市场营销的要求

    D．降低总体的成本

二、简答题

1. 简述仓库选址的影响因素。

2. 谈谈你对仓库选址重要性的认识。

3. 简述仓库选址的步骤。

技能训练

某物流企业拟新建一个仓库，现有 5 个备选方案，相关信息如表 3.1 所示。

表 3.1　5 个备选方案的相关信息

方案	基础条件	硬性条件	升值空间
A	90%	85%	80%
B	85%	90%	50%
C	70%	95%	75%
D	90%	90%	30%
E	90%	95%	60%

而后，该企业又找了 4 名专家对各项目的权重进行评价。专家评价信息如表 3.2 所示。

表 3.2　专家评价信息

项目	专家 1	专家 2	专家 3	专家 4
基础条件	5	7	6	7
硬性条件	8	6	9	6
升值空间	7	5	6	3

请用加权评分法为该企业选出合理的方案。

单元二　仓库总体布局优化

仓库的空间布局是指一个仓库的各个组成部分，如库房、货架、辅助建筑物、库内道路、仓储设备等，在规定范围内进行平面或立体的全面合理的安排。

一、空间布局的基本原则

为了使仓库的空间布局合理，企业在进行仓库的空间布局时应遵循以下 5 个原则。

（一）近距离原则

在条件允许的情况下，合理的空间布局应使人员、货物在仓库内移动的距离最短，使货物在各功能区间流动，以最快的速度、最低的成本将货物送达用户，并可以提高仓库的工作效率和增强作业的有序性。

（二）布局优化原则

在进行仓库的空间布局时，应尽量使彼此之间货物流量大、关系密切的功能区相互靠近，而彼此之间货物流量小、关系不密切的功能区布置得远一些。同时，应尽量避免货物运输的迂回和倒流，迂回和倒流会严重影响仓库整体的效率与收益。

（三）系统优化原则

伴随物流行业的发展，仓储作业与管理已经离不开信息技术的支撑。物流行业的无纸化管理和智能化发展都离不开互联网和物联网技术的应用。因此，在进行仓库规划与布局的过程中必须融入信息技术。

（四）前瞻性原则

仓库的规划与布局应随物流量、进货物品种类及社会经济发展实时做出相应的调整。因此，进行仓储功能分区规划的时候，应该预留发展的空间，以适应变化。

（五）便于管理原则

仓库的功能布局要有利于货物流通，便于仓储作业和管理。企业只有完善仓库的增值配套功能，使各环节相互协调与配合，使仓库的整体功能得到充分的发挥，才能获得良好的经济效益。

仓库的空间布局直接影响企业的作业效率和作业成本，因此合理的仓库空间布局对企业有着重要意义。

二、仓库的区域划分

仓库中各区域根据用途的不同，可划分为储运作业区、辅助作业区和行政生活区三大部分。其中，储运作业区是仓库中占地面积最大且最主要的区域。

（一）储运作业区

储运作业区也称生产作业区，是仓库的主体部分，是开展货物储运作业的主要场所。它主要包括储货区、铁路专用线及道路、装卸平台等。

1. 储货区

储货区是储存、保管物资的场所，分为库房、货棚、货场 3 类。储货区的构成如表 3.3 所示。

表 3.3　储货区的构成

类别	说明
库房	库房主要用于存放怕雨雪、怕风吹日晒，保管条件要求比较高的货物。库房按照建筑结构分为混凝土库房、砖木库房、简易库房等，按使用要求分为简单库房、保温库房、自动化库房和冷藏库房等
货棚	货棚是指用于存放货物的棚子，比库房结构简单，往往就地取材，建造时间短，性能差，使用年限短。货棚主要用于存放受自然温湿度影响较小的笨重货物及经得起风雨或日晒的货物
货场	货场亦称"料场"或"露天仓库"，是指露天的但地面经过一定处理的存料场地。它比库房、货棚用省、建造快、花钱少、容量大，只要地面平整，有围墙，有管理人员住房，就可存放货物；但它对自然条件的适应能力差，适合储存的货物有一定的局限性

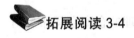拓展阅读 3-3

仓库区域规划注意事项

（1）仓库要与生产现场靠近，通道顺畅。

（2）仓库要有相应的进仓门和出仓门，并有明确的标识牌。

（3）仓库的办公室尽可能设置在仓库附近，并有明确的标识牌。

（4）仓库内要留有必要的废次品存放区、物料暂存区、待验区、发货区等。

（5）进行仓库设计时，需要将安全因素考虑在内，必须明确规定消防器材所在位置，明确消防通道和消防部门的位置等。

（6）仓库的进仓门外需要张贴仓库平面图，反映该仓库所处地理位置、周边环境、仓区仓位、各类通道、门、窗、电梯等信息。

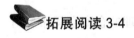拓展阅读 3-4

物料堆放原则

（1）堆放物料时，应充分利用仓库空间，尽量采取立放式，以提高仓库的空间利用率。

（2）通道应有适当宽度，并有足够的装卸空间，使物料搬运得以顺畅进行。

（3）对于不同的物料，应根据物料本身的形状、性质、价值等选择堆放方式。

（4）物料应做到先进先出。

（5）物料堆放应考虑容易点查数量。

（6）物料堆放应容易识别与检查，如良品、不良品、呆料、废料分开处理。

2. 铁路专用线及道路

铁路专用线是指由企业或者其他单位管理的、与国家铁路或者其他铁路线路接轨的岔线。铁路专用线的长度一般不超过30 km。

道路是供各种无轨车辆和行人通行的基础设施。道路按使用特点可分为公路、城市道路、乡村道路、厂矿道路、林业道路、考试道路、竞赛道路、汽车试验道路、车间通道及学校道路等。

3. 装卸平台

装卸平台是用于装卸货物的液压、气动或机械装置。

装卸平台分为固定式装卸平台、移动式装卸平台两种。装卸平台的主要作用是在货台与运输车辆之间搭起一座桥，使叉车便利地装卸货物。该设备一端与货台等高，另一端搭在车厢后缘上，并能根据车型的变化自动调整高度。装卸平台可根据用户的需要，在外形尺寸、承受载荷等方面做特殊设计。

（二）辅助作业区

辅助作业区是为货物储运保管工作服务的辅助车间或服务台，包括车库、变电室、油库、维修车间等。

（三）行政生活区

行政生活区的功能主要是开展业务接洽和管理，一般设在仓库入口附近。行政生活区与储运作业区应保持一定的距离，以保证仓库的安全及行政办公和员工生活的安全。

知识链接

划线要求

课堂讨论

怎样对仓储库位进行标识？

三、存储区域的划分及标识的确定

按照仓储作业的功能特点和使用要求，可将存储区域划分为待检区、待处理区、合格品储存区和不合格品隔离区等。

1. 待检区

待检区用于暂存等待检验的货物。处于待检状态的货物一般用黄色进行标识。

2. 待处理区

待处理区用于暂存不具备验收条件或质量暂时不明的货物。处于待处理状态的货物一般用白色进行标识。

3. 合格品储存区

合格品储存区用于储存合格的货物。处于合格状态的货物一般用绿色进行标识。

4. 不合格品隔离区

不合格品隔离区用于暂存质量不合格的货物。处于隔离状态的货物一般用红色进行标识。

仓库内除设置上述基本区域外，还应根据仓储业务的需要，设置货物作业区、流通加工区和出库备货区等。

四、仓库的四大面积

仓库中常见的四大面积有建筑面积、实际面积、有效面积、使用面积。

（1）建筑面积：从库房外墙基开始丈量求得的面积。

（2）实际面积：从库房内墙基开始丈量求得的面积。

（3）有效面积：从实际面积中减去干道、支道、墙距、柱距占用的面积。

（4）使用面积：指货垛实占面积。

【例3.1】某企业准备建立一个综合型仓库，其中就地堆码货物的最高储存量为600 t，仓容物资储存定额为3 t/m²，采用货架存放的货物最高储存量为90 t，货架长10 m、宽2 m、高3 m，货架的容积充满系数为0.6，货架的储存定额为0.2 t/m³，若仓库面积利用率达到75%，则该仓库需要多少个货架？使用面积应为多少？

知识链接

仓库面积核算
五步骤

解：堆码的面积=600÷3=200（m²）

每个货架可能的储存量=10×2×3×0.6×0.2=7.2（t）

所需货架数量=90÷7.2=12.5≈13（个）

货架所占面积=10×2×13=260（m²）

有效面积=200+260=460（m²）

使用面积=460÷0.75≈614（m²）

答：该仓库需要13个货架，使用面积约为614 m²。

五、合理处理仓库的"五距"

微课3-3

认识仓库的"五距"

仓库内货物众多，并不能随意堆放。仓库内的货物堆放有多种标准，最常见的是"安全五距标准"，"五距"分别指顶距、墙距、柱距、灯距、垛距，如图3.1所示。

（1）顶距指货堆顶面与仓库屋顶之间的距离。对于一般的平顶仓库，顶距应在50 cm以上；对于人字形屋顶，货堆顶面以不超过横梁为准。在立体仓库中，纸箱包装和工位器具的罗列高度不能超过4 m，5层货架的高度不能超过7 m。

（2）墙距指墙壁与货堆之间的距离。墙距又分外墙距与内墙距。一般情况下，外墙距在50 cm以上，内墙距在30 cm以上。货堆应距离窗户、墙面、暖气、消防器材0.5～1 m，以便通风散潮和防火，一旦发生火灾，可供消防人员出入。

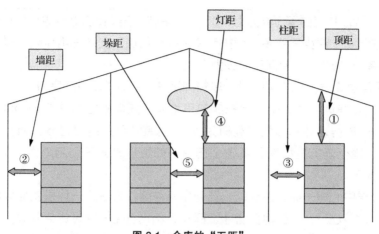

图 3.1　仓库的"五距"

（3）柱距指货堆与屋柱的距离，一般为 10～20 cm。合适的柱距可以防止屋柱散发的潮气使货物受潮，并保护柱脚，以免损坏建筑物。

（4）灯距指仓库内固定的照明灯与货堆顶面的距离。灯距不应小于 50 cm，以防止照明灯过于接近货物（灯光照射会产生热量）而发生火灾。

（5）垛距又称为堆距，指货堆与货堆之间的距离，通常为1 m，每列托盘之间的距离通常为 0.15 m。这样规定目的是使货堆与货堆之间间隔清楚，防止混淆，便于摆放和卸载，也便于通风检查，一旦发生火灾，还便于抢救、疏散物资。

 知识巩固

一、不定项选择题

1. 原则上，我们可以将仓库分为（　　　）。

    A. 储运区　　　　　　　　　　　　B. 辅助作业区

    C. 行政生活区　　　　　　　　　　D. 合格区

2. （　　　）指货堆与货堆之间的距离。

    A. 顶距　　　　　B. 垛距　　　　　C. 柱距　　　　　D. 灯距

3. 处于（　　　）状态的货物一般用红色进行标识。

    A. 待检　　　　　　　　　　　　　B. 待处理

    C. 合格　　　　　　　　　　　　　D. 不合格品隔离

二、简答题

1. 简述仓库的"五距"。

2. 简述储运作业区包含的内容。

3. 简述不合格品的含义及其处理方式。

三、计算题

1. 一家公司仓库购入 1 200 箱瓷砖，单箱瓷砖的包装长 0.5 m、宽 0.5 m、高 0.4 m，毛重为 22 kg，净重为 20 kg。用托盘多层堆码，托盘规格为 1.04 m×1.04 m，

托盘重量为 5 kg。托盘的承压能力为 400 kg，限装 2 层。库房地坪单位面积载荷为 1 t。请问：储存该批货物最少需要多少个托盘及多少个货垛？实际占用面积有多大？如果仓库面积利用率为 70%，仓库面积应该为多大？

2. 某平房仓库进 8 000 箱啤酒，单箱啤酒的包装长 0.3 m、宽 0.3 m、高 0.4 m，毛重为 12 kg，净重为 10 kg，用托盘单层堆码，托盘规格为 1.04 m×1.04 m（托盘重量不计），库房地坪单位面积载荷为 1 t，包装的承压能力为 50 kg，可用高度为 3 m。请问：储存该批货物需要多少个托盘？如果仓库面积利用率为 70%，仓库面积应该为多大？

3. 某配送中心建一综合型仓库，计划用两种储存方法：一种是就地堆码，其货物最高储存量为 1 200 t，仓容物资储存定额为 5 t/m²；另一种是货架储放，其货物最高储存量为 630 t，货架长 8 m、宽 1.5 m、高 4 m，货架的容积充满系数为 0.7，货架储存定额是 150 kg/m³，若仓库面积利用率是 50%，需要多少个货架？此仓库的有效面积是多少？使用面积是多少？

技能训练

某公司为制造企业，上级领导要求在现有的仓库通道上再设一条人行通道，即在仓库内区分出车辆行驶的通道和人行走的通道。人行通道应怎样设？设多宽？用实线还是虚线表示？区域线的宽度一般是多少？请根据本单元知识链接"划线要求"的内容完成本次任务。

单元三　仓储平面布局优化

在仓储平面布局的过程中，我们不仅要从整体上对仓库进行分区域管理，还需要对仓库内的人、货、设备进行合理分配与设计，以便实现高效率的仓储作业，这就是我们常说的动线设计。动线设计是整个仓库运转的基础，只有合理的动线设计才能让仓库运转得更加高效。

一、仓库动线设计

仓库动线是指由人或物在仓库内移动所形成的一系列的点连接而成的线。例如，拣货动线就是拣货员从拣货设备存放区到某个拣货储位，再到其他拣货储位，最后至复核区的路线。

（一）仓库动线规划

在仓库动线规划过程中，我们需要考虑出货频率和搬运难易程度，具体的要求如下。

1. 按出货频率规划

进行仓库动线规划时，我们通常先要考虑出货频率，而能快速有效地管控货品的常用方法是 ABC 分类法。ABC 分类法是按照销售量缺货成本周转次数、供应商的稳定性库存风险等指标对仓库内的货品进行分类的。例如，将出货频率高的货品存放在接近出入口的地方，将出货频率低的货品存放在远离出入口的地方，以缩短出货频率高的货品的搬运距离，减少作业时间和物流成本，有效提高仓库的利用率。

2. 按搬运难易程度规划

在进行仓库动线规划时，我们常常需要考虑货品的搬运难易程度，即考虑货品的体积、形状、重量，以确定货品所需的堆码空间。通常情况下，重而大的货品放在地面上或货架的下层位置，轻的货品则可以存放在上层货架上。为了货架的安全并方便人工搬运，人腰部以下的位置通常储放重物或大型货品，而体积小或重量轻的货品则放在较高的存储区域。因此，按照仓库管理基本思路，我们应将体积大的货品或重物储存于坚固层架上，并使其接近出货区或处于易于移动的位置，由此缩短拣货时间和搬运路径，并简化清点工作。

（二）仓库动线类型

微课 3-4

动线优化遵循的基本原则是"不迂回、不交叉"。"不迂回"的目的是防止无效搬运，"不交叉"的目的是避免动线冲突，给搬运带来安全隐患。为了使动线设计最优化，实际操作中往往需要根据整体进出货的特性选择合适的仓库动线类型。常见的仓库动线类型有 U 形动线、L 形动线、I 形动线、S 形动线。

仓库动线设计与分析

1. U 形动线

U 形动线将进货区和出货区设置在仓库的同一侧，如图 3.2 所示。货物由进到出形成了一个类似倒 U 形的移动路线。在传统仓库中，入库月台和出库月台经常被合并为进出库月台，用于开展货物的出入库作业，由此形成的仓库动线也属于 U 形动线。

返品处理区	货架储存区	拆零区	流通加工区
		分货区	
		集货区	
入库暂存区		出库暂存区	
进货办公室	入库月台	出货办公室	出库月台

图 3.2　U 形动线

U 形动线中，仓库各功能区的运作范围经常重叠，交叉点也比较多，这容易降低仓库的运作效率。另外，若出入库的货物在同一个月台上进行收发，很容易造成混淆，特别是在繁忙时段及处理类似货物的情况下，解决方法是组建不同的小组，并由它们分别负责货物的进出库。

由于 U 形动线的出入库月台在同一边，因此只需在仓库一边预留货车停放及装卸的车道，这样一方面可以有效利用仓库的外围空间，另一方面也可以集中进行月台管理，减少月台监管人员。在地少且人工成本高的时期，采用 U 形动线的仓库是最常见的。

U 形动线主要适用于月台资源能综合运用、能越库作业、能使用同一车道供车辆出入的仓库。

2. L 形动线

L 形动线的仓库将进货区和出货区设置在仓库相邻的两侧，如图 3.3 所示。货物由进到出形成一个类似 L 形的移动路线。

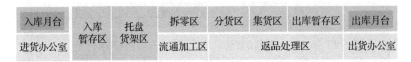

图 3.3 L 形动线

需要快速处理货物的仓库通常会采用 L 形动线，从而把货物出入仓库的途径缩至最短，货物流向呈 L 形。L 形动线可应对进出货高峰同时发生的情况，适合有库存和无库存同时并存的配送作业；还可同时处理高出货频率和低出货频率的货物，具有类似流通加工中心的特点。L 形动线适合开展越库作业。

3. I 形动线

I 形动线中，出货区和进货区设置在仓库相对的两侧，如图 3.4 所示。货物由进到出形成了一个类似 I 形的移动路线。由于采用 I 形动线的仓库的运作流向是呈直线型的，各运作动线平行进行，因此无论是人流还是物流，相互的碰撞交叉点相对来说都是最少的，这样可以降低操作人员和物流搬运车相撞的可能性。

入库月台	入库暂存区	托盘货架区	拆零区	分货区	集货区	出库暂存区	出库月台
进货办公室			流通加工区			返品处理区	出货办公室

图 3.4 I 形动线

采用 I 形动线的仓库存在的最大问题是出库月台和入库月台相距太远，这增加了货物的整体运输距离，降低效率，但是由于直线型的流程较为简单，操作人员比较容易适应，该方面的不足可以得到弥补。采用 I 形动线的仓库特别适合存放一些快速流转的货物，可开展集装箱或者货物转运业务。因此，I 形动线具有可应对进出货高峰同时发生、适用于无库存的转运中心的特点。

4. S 形动线

需要经过多步骤处理货物的仓库一般采取 S 形动线，如图 3.5 所示。

S 形动线可以满足多种流通加工等处理工序的需要，适用于宽度不足的仓库中作业，还可以与 I 形动线结合在一起使用。

入库月台	入库暂存区	货架储存区	集货区	出库暂存区	出库月台
进货办公室	返品处理区	拆零区	流通加工区	分货区	出货办公室

图 3.5　S 形动线

在实际的仓库动线规划过程中，因为业务流程的复杂性，所以企业可以将两种不同的仓库动线结合起来应用。例如，将 L 形动线和 I 形动线结合成 T 形动线。

二、货位编号

货位编号是指将库房、货场、货棚、货垛、货架及物品存放的具体位置按照顺序统一编号，并做出明显的标志。实行货位编号，对于提高作业效率，加强对仓储物品的检验监督和盘点统计，以及方便仓管人员的相互合作有很大的作用。

（一）货位编号的原则

为了方便记忆与记录，货位编号应该使用容易辨识的记录代码。在进行货位编号时，需要遵循以下原则。

微课 3-5

货位编号与设计

1. 唯一性原则

唯一性是指库存的所有物品都有自己唯一的货位编号，货位编号不能重复。

2. 系列化原则

货位编号要按照物品分类的顺序分段编排，物品的货位编号不是库存所有物品的一般顺序号，而是分类的分段顺序号。货位编号的分段顺序号符合物品分类目录的分段序列。

3. 实用性原则

货位编号要尽量简短，以便记忆和使用。

4. 通用性原则

货位编号要考虑各方面的需要，可以既是物品的编号，又是储备定额的物品编号，也是材料账的账号，还可以是计算机中的物品代码。

（二）货位编号的要求

货位编号好比物品在仓库中的"住址"。工厂应根据不同的库房条件、物品类别和批量整零的情况，做好货位画线及编排序号，以符合"标志明显易找、编排循规有序"的要求。

（1）标志设置。采取适当的方法，选择适当的位置进行标志设置。例如，仓库标志可在库门外挂牌；库房标志可写在库门上；货场货位标志可竖立标牌；多层建筑库房的走道、支道、段位的标志，一般都刷在水泥或木板地坪上；对于存放粉末类、软性笨重类货物的库房，其标志可以刷在天花板上；泥土地坪的简易货棚内的货位标志，可利用柱、墙、顶、梁刷置或悬挂标牌。

（2）标志制作。统一使用阿拉伯数字制作货位编号标志。在制作库房和走道、支道的标志时，可在阿拉伯数字外再辅以圆圈，用不同直径的圆圈表示不同部分的标志。

（3）编号顺序。仓库范围的房、棚、场，以及库房内的走道、支道、段位的编号，基本上都以进门的方向左单右双或自左而右的规则进行编排。

（4）段位间隔。段位间隔的大小取决于储存物品批量的大小。

（三）货位编号的方法

根据不同的库房条件、物品类别和批量整理的情况，做好货位编号工作，有利于实现仓库的有序管理。货位编号的方法有地址法、区段法、品类群法、坐标式。

1. 地址法

地址法是指利用保管区中的现成参考单位，如建筑物第几栋、区段、排、行、层、格等，按相关顺序进行编号的方法。通常采用的地址法为四号定位法。

四号定位法是采用 4 个数字对应库房（货场）、货架（货区）、层次（排次）、货位（垛位）进行统一编号的方法。例如，3-4-3-8 就是指 3 号库房（3 号货场）4 号货架（4 号货区）第 3 层（第 3 排）8 号货位（8 号垛位）。

（1）库房号是整个仓库的分区编号，货架号则是面向货架从左至右编号，货架层次号是从货架下层向上层依次编号，货架列号即面对货架从左侧起横向依次编号，如图 3.6 所示。

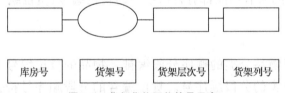

图 3.6 货架货位四位编号示意

编号时，为防止出现错觉，可在第一位数字后加上字母"K""C""P"分别表示库房、货场、货棚。例如，5K-8-3-18 即为 5 号库房 8 号货架第 3 层第 18 列。

📝 **课堂讨论**

① B 库房 3 号货架第 4 层第 2 列怎样表示？

② 3 号库房 2 号货架第 4 层第 3 列怎样表示？

（2）货场货位编号。货场货位一般有两种编号方法：按照货位的排列编成排号，再在排号内按顺序编号；不编排号，按自左至右和自前至后的顺序编号。例如，D 区 3 号点第 4 排 2 号货位用 DK-3-4-2 表示。货场货位编号示意如图 3.7 所示。

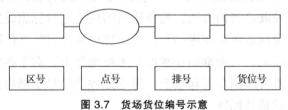

图 3.7 货场货位编号示意

（3）以排为单位的货架货位编号。此方法将库房内所有的货架按进入库门的方向从左至右编号，继而对每排货架的夹层或格眼在排的范围内按自上至下、自前至后的顺序编号。例如，4 号库房设置 16 排货架，每排上下 4 层，共有 16 个格眼，其中第 6 排货架第 8 个格眼用 4-6-8 表示。

（4）以品种为单位的货架货位编号。此方法将库房内的货架以物品的品种划分储存区域后，再以不同品种的物品占用储存区域的大小，在分区编号的基础上进行格眼编号。

（5）以货物编号代替货架货位编号。此方法适用于进出频繁的零星散装物品，在编号时要注意货架格眼的大小、多少应与存放物品的数量、体积相适应。例如，某类物品的编号为 10101 号至 10109 号，储存货物的一个格眼可存放 10 个编号的物品，则在货架格眼的木档上制作 10101-10 的编号，并以此类推。

2. 区段法

区段法是指将保管区分成不同的区段，再对每个区段进行编号的方法。此方法以区段为单位，由于每个号码所代表的区段很大，因此适用于容易单位化的货物，以及大量或保管周期短的货物。ABC 分类法中的 A、B 类货物也适合采用这种编号方法。该方法以物流量的大小决定货物所占的区段大小，再以进出货频率决定其配置顺序。

3. 品类群法

品类群法是指把一些具有相关性的物品经过集合后，分成几个品项群，再对每个品项群进行编号的方法。此方法适用于按品项群保管的场合和品牌差距大的物品，如服饰、五金、食品等。

4. 坐标式

坐标式是指利用空间概念编排货位的方法，这种编号方法由于对每个货位定位切割细小，在管理上比较复杂，适用于流通率很小、需要长时间存放的货物及一些生命周期较长的货物。

（四）绘制货位图

为便于管理及提高工作效率，可将仓库内储存区域与货架分布情况绘制成货位图。常见的货位图有两种，分别如图 3.8、图 3.9 所示。

```
A库：货架  1、2、3、4、5 ················· 玩具类

     货架  6、7、8、9、10 ············· 办公用品类

     货架  11、12、13、14 ············ 体育健身用品类

B库：洗涤用品

C库：货架  1、2、3 ················· 女性服装类

     货架  4、5、6 ················· 儿童用品类

D库：家用电器类
```

图 3.8　货位图示例（1）

品名	编号	库房号	货架号	货架层—列号
玩具熊	0015	A	1	3-1
城堡积木	0021	A	2	1-1
……				

图 3.9　货位图示例（2）

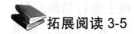**拓展阅读 3-5**

货位编号的注意事项

（1）物料入库后，应将物料的货位编号及时登记在保管账、卡的"货位号"栏中，并输入计算机。货位编号输入得正确与否，直接决定出库作业的准确性，我们应认真对待这一项工作，以免出现差错。

（2）当物料所在的货位发生变动时，保管账、卡上登记的货位号也应进行相应的调整，以做到"见账知物"和"见物知账"。

（3）为了提高货位利用率，同一货位可以存放不同规格的物料，但必须采用具有明显区别的标志，以免造成差错。

（4）走道、支道不宜经常变动，否则不仅会打乱原来的货位编号，还会造成库房照明设备的调整。

三、货架布局

想要提高仓库的储存量和货物的运转效率，做好货架布局非常重要，货架布局需要结合仓库结构进行规划。常见的货架布局方式有垂直式、倾斜式和混合式。

（一）垂直式布局

垂直式布局是指货垛或货架的排列与仓库的侧墙互相垂直或平行，具体包括横列式布局、纵列式布局和纵横式布局。

1. 横列式布局

横列式布局是指货垛或货架的排列与仓库的侧墙互相垂直，如图 3.10 所示。横列式布局的主要优点有：主通道长且宽，副通道短，整齐美观，便于存取盘点，还有利于通风和采光。

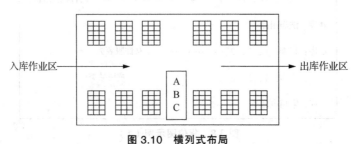

图 3.10　横列式布局

2. 纵列式布局

纵列式布局是指货垛或货架的排列与仓库的侧墙平行，如图 3.11 所示。纵列式布局的主要优点有：可以根据库存物品的在库时间和进出频繁程度安排货位，在库时间短、进出频繁的物品放置在主通道两侧，在库时间长、进出不频繁的物品放置在里侧。

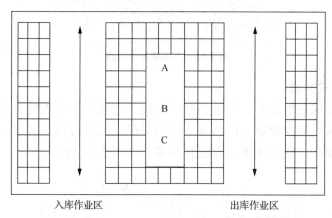

图 3.11　纵列式布局

3. 纵横式布局

纵横式布局是指在同一保管场所内，横列式布局和纵列式布局兼而有之，如图 3.12 所示。

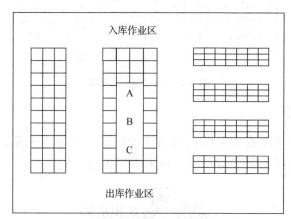

图 3.12　纵横式布局

（二）倾斜式布局

倾斜式布局是指货垛或货架的排列与仓库的侧墙或主通道成 60°、45° 或 30° 夹角，具体包括货架倾斜式布局和通道倾斜式布局。

1. 货架倾斜式布局

货架倾斜式布局是横列式布局的变形，它是为了便于叉车作业、缩小回转角度、提高作业效率而采用的布局方式，如图 3.13 所示。

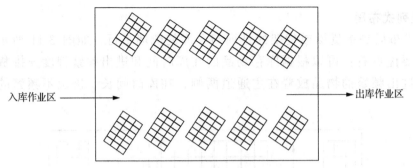

图 3.13　货架倾斜式布局

2. 通道倾斜式布局

通道倾斜式布局是指仓库的通道斜穿保管区，把仓库划分为具有不同作业特点的区域，如大量储存区域和少量储存区域等，以便对保管区进行综合利用。在这种布局形式下，仓库内形式复杂，货位和进出库路径较多，如图 3.14 所示。

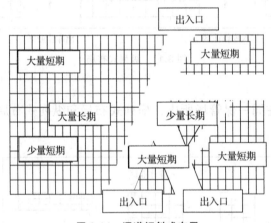

图 3.14　通道倾斜式布局

（三）混合式布局

混合式布局是指货垛或货架的长边与主通道既存在垂直关系，也存在平行关系的布置方式，具体要根据仓库结构和货物存取需求进行布置。

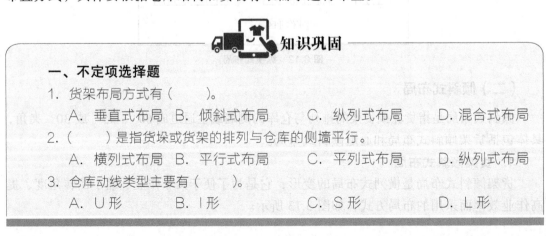

知识巩固

一、不定项选择题

1. 货架布局方式有（　　　）。
   A. 垂直式布局　B. 倾斜式布局　　　C. 纵列式布局　　　D. 混合式布局
2. （　　　）是指货垛或货架的排列与仓库的侧墙平行。
   A. 横列式布局　B. 平行式布局　　　C. 平列式布局　　　D. 纵列式布局
3. 仓库动线类型主要有（　　　）。
   A. U 形　　　　B. I 形　　　　　　C. S 形　　　　　　D. L 形

4. 5K-3-2-4 中"4"表示（　　　）。

   A. 货架层号　　　B. 库房号　　　　　C. 货架列号　　　　D. 货架号

5.（　　　）把保管区分成不同的区段，再对每个区段进行编号。

   A. 四号定位法　B. 区段法　　　　C. 品类群法　　　　D. 坐标式

二、简答题

1. 简述 U 形动线的适用范围。

2. 简述货位编号的原则。

3. 简述纵列式布局的优点。

技能训练

   A 物流公司准备新建一个面积为 1 500 m² 的仓库，用于存放电子设备、服装、食品、化妆品等。请完成仓库动线设计和货架布局，并绘制出仓库平面布局图。

04 模块四
入库作业管理

【学习目标】

知识目标
- 了解入库作业的基础知识
- 掌握入库作业的基本流程
- 掌握货物入库验收方法

能力目标
- 能采用不同的检验方法对货物进行有效验收
- 能对验收过程中出现的问题进行有效处理

素质目标
- 具有大局意识、全局意识、安全意识
- 具有整体规划、解决问题的能力

【案例导入】

京东智慧仓储

我们今天的仓库在古代叫仓廪府库，贮谷的建筑为仓，贮米的建筑为廪，归置文书档案的建筑为府，放置财货、武器的建筑为库。数千年的积淀让这个名词饱含着前人对温饱的渴求、对安居的归属、对富足的守护。时至今日，仓库的概念已随着生产力的进步而具有新的含义。现代化的仓储管理中，智慧仓储系统起到了很重要的作用，它不仅能优化仓库管理各流程之间的关联，还能更好地为物流体系的完整化奠定基础。

2022年6月，京东首次公布了全球"织网计划"成果，除了相继在美国、德国、荷兰、法国、英国、越南、澳大利亚、马来西亚等国家和地区落地自营海外仓，京东物流三位一体的供应链技术解决方案也在通过生态合作、技术输出赋能给海外的物流服务商。据悉，京东物流为欧洲综合物流服务商 MW Logistics 所改造的自动化仓库，通过引入AGV、直线交叉带分拣机、无人叉车、包装机和连续输送机，使其运营效率提高了250%，人力成本降低了60%。

与 MW Logistics 合作的智慧仓储项目，只是京东物流在海外落地的众多物流科技项目之一。目前，京东物流还为韩国某食品公司提供数条冷藏/冷冻生产线、存储及补货系统等的自动化升级服务。通过引入自动化设备，实现库内物资自动搬运，该食品公司大大提高了货物下线入库效率；同时，在京东物流仓储控制系统（Warehouse Control System，WCS）算法的加持下，该公司还实现了多设备统一调控，货物灵活存取和多任务并发。相较于传统的人工作业模式，引进京东的智慧仓储项目后，该公司的仓储作业效率提高了 50%，整体储能提高了 40%，且正确率较高，停工、返工减少。

【思考】京东的智慧仓储在入库环节发挥了哪些重要作用？

单元一　入库前的准备工作与接运

当仓管员接到收货通知并确认其有效且无误后，在物品到达之前应主动与采购部门或供货商联系，了解物品入库应具备的凭证和相关技术资料，如物品的性质、特点、保管事项等，尤其是新物品或不熟悉的物品，更要提前了解相关信息。

微课 4-1

入库作业准备

入库作业是指仓储部门按照存货方的要求合理组织人力、物力等资源，按照入库作业程序，认真履行入库作业各环节的职责，及时完成入库任务的工作过程。

要开展入库作业，首先要做好入库前的准备工作。

一、划分存放位置

仓管员在确定物品存放的位置时，要综合考虑仓库的类型、规模、经营范围、用途及物品的自然属性和保养方法等。常见的分类储存方法有以下 5 种，仓管员需要根据物品的实际情况进行选择。

61

（一）按物品的种类和性质分类储存

这是大多数仓库采用的分类储存方法，它要求按照物品的种类和性质，将物品分类存放，以便于物品的保养。

（二）按物品的危险性质分类储存

这种分类储存方法主要适用于储存危险品的特种仓库。它按照物品的危险性质，将易燃、易爆、易氧化、有腐蚀性、有毒害性、有放射性的物品分开存放，避免它们相互接触，以防止事故的发生。

（三）按物品的归属单位分类储存

这种分类储存方法主要用于专门从事保管业务的仓库。根据物品所属的单位，将物品进行分区保存，可以提高物品出入库的作业效率，同时也能减少差错的发生。

（四）按物品的运输方式分类储存

这种分类储存方法主要适用于物品储存期短且进出量较大的中转仓库或待运仓库。它依据物品的运输方式进行分类储存。

（五）按物品的存储作业特点分类储存

这种分类储存方法根据物品在储存作业时具体的操作方法，将物品分类储存。例如，将进出库频繁、需严格按照"先入先出"原则储存的物品，存放在车辆进出方便、装卸搬运容易、靠近库门的区域；将储存期较长、不需要严格按照"先入先出"原则储存的物品，储存在库房深处或多层仓库的较上层。

二、整理存放区域

确定物品的具体存放位置后，就需要对相应区域做适当的整理工作，具体包括准备验收场地、腾出存放空间、做好现场清洁等。

三、组织人力

仓储部门按照物品到达的时间、地点、数量等，预先做好到货接运、检验、堆码等人力的组织安排。

四、准备物资

仓储部门根据接收物品的种类、包装、数量等情况及接运方式，确定搬运、检验、计量的方法，备好车辆、检验器材、度量衡器，以及准备装卸、搬运、堆码、苫垫的工具和必要的防护用品、用具等。

五、安排接运

（一）货物接运的基本要求

货物接运人员的主要任务是及时且准确地向交通运输部门提取入库货物，要求手续清楚、责任分明，为仓库验收工作创造有利条件。因为货物接运是仓储作业的开始，是货物入库和保管的前提，所以货物接运工作的好坏直接影响货物的验收和入库后的保管、养护。因此，在接运由交通运输部门转运的货物时，货物接运人员必须认真检查、分清责任，取得必要的证件和单据。

（二）货物接运的意义

做好货物接运工作，一方面可以防止把运输过程中或运输之前就已经损坏的货物带入仓库，为货物后期的入库和保养奠定基础，尽量减少经济损失；另一方面可以为货物的验收及后期保管创造良好的条件。

（三）货物交接方式的选择及注意事项

一般来说，除一小部分货物由供货单位直接运到仓库交货外，大部分货物都要经过铁路运输、公路运输、航空运输、水路运输等多种运输方式。因此，货物交接方式也有差异，主要有以下几种。

1. 车站码头提货

提货人员应了解所提取货物的品名、型号、特性和一般保管知识、装卸搬运注意事项等。在提货前，提货人员应做好提货的准备工作，如准备好装卸运输工具、腾出存放货物的场地等。在到货前，提货人员应主动了解到货时间和交货情况，根据到货的多少，组织装卸人员、机具和车辆，按时前往提货。

提货时，提货人员应根据运单及其他有关资料详细核对货物的品名、规格、数量，并注意货物的外观，查看包装、铅封是否完好，有无污损、受潮、水浸等异状。若货物有疑点或与有关资料不符，提货人员应当场要求运输部门检查。对于短缺、损坏情况，凡属运输部门责任的，应做好商务记录；属于其他方面责任需要运输部门证明的，做好普通记录，由运输员签字。注意记录内容要与实际情况相符。

在短途运输中，要做到货物不混不乱，避免货物碰坏。对于危险品，应按照危险品搬运规定进行处理。

货物到库后，提货人员应与保管人员密切配合，尽量做到提货、运输、验收、入库、堆码等一条龙作业，并办理内部交接手续，从而缩短入库验收时间。

车站码头提货适用于零担托运、到货批量小的情况。

2. 专线接运

仓库接到专线到货通知后，应立即确定卸货货位，力求缩短场内搬运距离；组织好卸货所需要的机械、人员及有关资料，做好卸货准备。

车辆到达后，提货人员应引导其对位并进行检查，查看车皮封闭情况是否良好（即卡车、车窗、铅封、苦布等有无异状），根据运单和其他有关资料核对到货品名、规格、标志和清点件数；检查包装是否有损坏或有无散包；检查是否有进水、受潮或其他损坏现象。在检查中若发现异常情况，提货人员应请运输部门派员复查，做好普通或商务记录，记录内容要与实际情况相符。

卸货时，提货人员要注意为货物验收和入库保管提供便利条件，分清车号、品名、规格，做到货物不混不乱；保证包装完好，不碰坏、不压伤，更不得自行打开包装。应根据货物的性质合理堆放货物，以免混淆。卸货后应在货物上标明车号和卸货日期。

提货人员应编制卸货记录，记明货物的规格、数量，同时将有关证件和资料尽快向保管人员交代清楚，办好内部交接手续。

专线接运适用于大批量、整车或者零担运输，以及长距离铁路运输、短距离公路运输等情况。

3. 仓库自行接货

仓库接受货主委托直接到供货单位提货时，应将接货与验收工作同时进行。

仓库应根据提货通知，了解所提取货物的性能、规格、数量，准备好提货所需要的机械、工具、人员，让保管人员在供货单位当场检验货物质量、清点货物数量，并做好验收记录。

仓库自行接货适用于直接到供货单位提货的情况。

4. 库内接货

存货单位或供货单位将货物直接运送到仓库储存时，应由保管人员直接与送货人员办理交接手续，当面验收货物并做好记录。若有差错，保管人员应填写记录，由送货人员签字证明，据此向有关部门提出索赔。

库内接货适用于供货单位与仓库在同城或者同区的情况。

六、认识运输标志

微课 4-2

认识运输标志

运输标志的主要作用是在储运过程中识别货物。运输标志按用途可分成包装储运标志、危险货物包装标志。

（一）包装储运标志

图 4.1 所示为包装储运标志，是根据货物的某些特性（如怕湿、怕震、怕热、怕冻等）确定的。其作用是在货物运输、装卸和储存过程中引起作业人员的注意，使他们按相应要求进行操作。

图 4.1　包装储运标志

（二）危险货物包装标志

图 4.2 所示为危险货物包装标志，是用来标明化学危险品的。这类标志的作用是引起人们的警惕，一般采用特殊的色彩或黑白菱形。

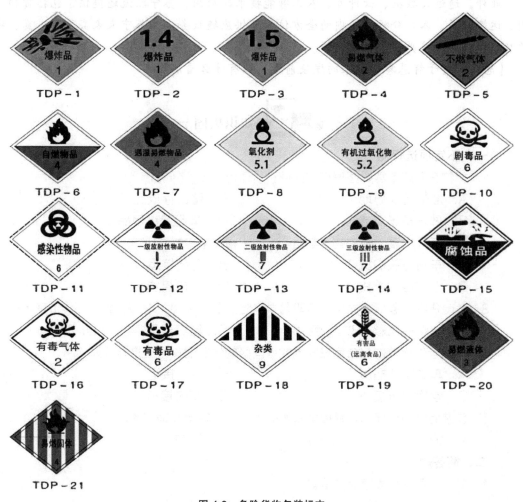

图4.2　危险货物包装标志

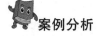案例分析

智慧零售下的工匠精神，造就物流行业的隐形冠军

随着新技术不断改变着我们的生活，智慧零售的概念也引发了物流行业的巨变，而其中的主角之一正是持续变革的苏宁物流。从2016年11月1日开始，南京苏宁云仓正式投入运营，它是汇聚全球智慧物流技术的行业标杆项目，融合了全流程的智能科技，应用了先进的高密度存储系统和货到人拣选系统，高速分拣输送线总里程达到27 km。

南京苏宁云仓实现了2 000万件商品从入库、补货、拣选、分拨到出库全流程的智能化作业，日处理包裹量最高达到181万件，拣选效率达到每人每小时1 200件。正是依靠这样的效率，苏宁物流作为2018年国内最具线上线下融合优势的智能物流网络，可以为全国98%以上的城市和乡村提供标准的门到门、全年全天候物流服务。

此外，通过大数据、云计算、人工智能技术的应用，苏宁物流还提供了包括货物预测、运输配送、客户分析等在内的全方位智慧供应链服务，为苏宁未来实现人、货、场的数字化极速连接提供了重要保障。

【思考】对于智慧零售未来的发展前景，你有什么看法？

 知识巩固

一、不定项选择题

1. 货物在入库前需要整理存放区域，具体包括（　　）。
   A. 准备验收场地　　　　　　　　　　B. 腾出存放空间
   C. 做好现场清洁　　　　　　　　　　D. 备足苫垫用品

2. 适用于大批量、整车或者零担运输的货物交接方式是（　　）。
   A. 车站码头提货　　　　　　　　　　B. 专线接运
   C. 仓库自行接货　　　　　　　　　　D. 库内接货

3. 危险货物包装标志是用来标明化学危险品的，采用（　　）或（　　）表示。
   A. 特殊的色彩　B. 红色　　　　　C. 黑白菱形　　　　D. 黄色

4. 适用于供货单位与仓库在同城或者同区的情况的货物交接方式是（　　）。
   A. 车站码头提货　　　　　　　　　　B. 专线接运
   C. 仓库自行接货　　　　　　　　　　D. 库内接货

5. 包装储运图示标志，是根据货物的（　　）等特性确定的。
   A. 怕湿　　　　B. 怕热　　　　　C. 怕冻　　　　　D. 怕震

二、简答题

1. 简述常见的分类存储方法。
2. 通过网络查找相关资料，对本模块展示的包装储运标志进行补充。
3. 简述货物交接方式的选择及注意事项。

 技能训练

根据所学的包装储运标志，在生活中找到 2～3 个并说明其作用和使用规范。

 # 单元二　货物的验收与编码

货物验收是指仓库在货物正式入库前，按照一定的程序和手续，对到库货物进行数量和外观质量的检查，以验证它是否符合订货合同规定的一项工作。

一、货物验收

货物验收是入库作业的重要环节，主要包括核对证件、验收数量、验收质量等流程。

（一）核对证件

核对证件主要是指对采购部门、供货单位及运输单位的证件进行审核。

需要核对的证件主要有企业采购部门或其他相关部门提供的入库通知单、订货合同、协议书，供货单位提供的质量证明书或合格证、装箱单或磅码单、检验单、发货明细单，运输单位提供的运单，以及保管员、搬运员、接运员或送货员提供的交接记录。

1. 证件核对要求

证件核对包括证证核对、物证核对。

（1）证证核对：仓库管理员需要根据货物运送的过程，对相应证件进行分类整理，然后根据证件之间的相关性，核对证件的真实性和准确性。

（2）物证核对：仓库管理员验证证件所写的送货单位、收货单位、货物名称、规格数量等具体内容，并将其与货物的实际情况进行核对。

2. 核对差错处理

对于证件核对无误或经过复查核对无误的，仓库管理员应将货物放于待检验区，并及时对其数量、质量及包装进行验收检查。但是仓库管理员如果在核对过程中发现证件不齐或不相符的情况，就需要与货主、供货单位、运输单位和有关业务部门及时联系并加以处理。核对差错类别及处理措施如表 4.1 所示。

表 4.1　核对差错类别及处理措施

差错类别	处理措施
证件不齐	将货物作为待检验品加以处理，待证件到齐后进行验收
无订货合同及进货依据，但运单上表明本仓库为收货人	在收到货物后立即与采购部门或发货人联系，并将该货物放在待处理区，根据实际情况做好记录，待查清原因后再进行处理
供货单位提供的质量证明书与仓库的进库单、合同不符	将货物放在待处理区，通知采购部门或存货单位，并根据其提出的办法进行处理
有关证件已经到库，但在规定时间内货物尚未到库	及时向采购部门或供货单位反映，以便查询处理

（二）验收数量

货物数量验收是在初步验收的基础上进一步验收货物数量的工作。验收数量的方法主要有计件和计重两种类型。

1. 计件货物数量验收

不带包装（散装）货物的检斥率为 100%，不清点件数；有包装货物的毛检斤率为 100%，清点率为 100%；贵重金属材料 100%过净重；定尺钢材的检尺率为 10%～20%，非定尺钢材的检尺率为 100%；大批量、同一包装符合国家标准且有合格证的货物抽查率为 10%～20%。

对于计件货物，仓库管理员应该对货物的数量进行清点，并在清点过程中根据货物的特征选择适当的验收方法。计件货物数量验收的方法主要包括逐件点数、集中堆码点数、抽检及重量换算等，具体内容如表 4.2 所示。

表 4.2　计件货物数量验收的方法

方法	具体内容	适用货物
逐件点数	采用人工或者简易计算器逐一计数，累计得出总数	散装、非定量包装的货物
集中堆码点数	将货物按照"五五堆码"的原则，堆成固定的垛形，然后通过计算得出总数	花色品种单一、包装大小一致、数量大或体积小的货物
抽检	按照一定的比例进行开箱点数	批量大、采用定量包装的货物
重量换算	首先称得货物的重量，然后换算出货物的数量	包装标准且货物标准、重量一致

📝 课堂讨论

某供应商于 2023 年 5 月 8 日将一批冷冻猪肉（数量为 500 块，总重量为 21 856 kg）送至某企业冷冻仓库。

请问：对该货物进行数量验收时应采用何种验收方法？

2. 计重货物数量验收

按照重量计算的货物，仓库管理员要对其重量进行验收。仓库管理员可以根据验收磅差率与允许磅差率的比较对重量验收是否合格进行判断。若验收磅差率未超过允许磅差率，说明该批货物合格；若验收磅差率超过允许磅差率，说明该批货物不合格。

在重量验收的过程中，合同规定了验收方法，仓库管理员应该按照合同规定的验收方法进行验收，以防止人为造成磅差。若合同中未明确验收方法，则仓库管理员可根据货物的特征选择验收方法，并在出库时采用同样的方法检验货物。

（1）直接测量法：对于没有包装或包装重量占比较小的货物，可选择直接测量法，将货物直接过磅，以测量其实际重量。

（2）净重计算法：对于有包装且包装重量占比较大的货物，仓库管理员可采用净重计算法，在验收过程中汇总并减去包装的重量，从而计算货物的净重。

（3）理论换算法：理论换算法是指通过测量货物的长度、体积等，利用一些相关的公式，计算出货物重量的方法。此方法适合定尺长度的金属材料、塑料管材等货物的验收。

（三）验收质量

仓库管理员在进行货物数量的验收时，需要同时进行货物质量的验收。货物质量的验收主要包括检验货物包装和检验外观质量。

1. 检验货物包装

货物包装的完整程度及干湿状况与包装内货物的质量有着直接的关系。仓库管理员通过对包装进行检验，能够发现货物在储存、运输过程中可能发生的意外，并据此推断货物的受损情况。因此，在验收货物时，仓库管理员需要对包装进行严格的检验。在检验包装的过程中需要注意以下事项。

（1）包装上有人为的挖洞、开缝现象，说明货物在运输过程中有被盗窃的可能，此时仓库管理员要对货物做仔细的核对。

（2）包装上有水渍、潮湿时，说明货物在运输过程中有被雨淋湿或者货物本身有返潮、渗漏的现象，此时仓库管理员要对货物进行开箱检验。

（3）货物包装有污染时，说明货物可能由于装配不当引起了货物的泄漏，并导致了货物之间的污染，此时仓库管理员要将货物送至有关部门进行检验，以此确定货物的质量是否受到损害。

（4）货物包装破损时，说明包装结构不当或者在装卸搬运过程中有乱摔、乱丢、碰撞等情况，此时仓库管理员需要开箱检验货物是否受损。

2. 检验外观质量

仓库管理员对货物的外观质量进行检验时主要采用感官验收法，即通过视觉、听觉、触觉、嗅觉检验货物的质量，具体实施方式如表4.3所示。

表4.3　检验外观质量的实施方式

方式	实施
视觉	通过观察货物的外观，确定其质量是否符合要求
听觉	通过轻敲某些货物，细听发声，鉴别其质量有无缺陷
触觉	用手触摸包装内的货物，以判断货物是否有受潮、变质等异常情况
嗅觉	用鼻嗅货物是否失去应有的气味，是否串味及有无异味

对于不需要进一步检验质量的货物，仓库管理员在完成上述检验并判断货物合格后，就可以为货物办理入库手续。对于那些需要进一步检验质量的货物，仓库管理员应该通知质量检验部门对货物进行质量检验，待检验合格后才能为货物办理入库手续。

📝 课堂讨论

CQ物流公司A仓库于2023年1月20日收到供应商送来的一车纯净水，送货单上显示的数量为800箱，每箱24瓶，每瓶0.9元，生产日期是2021年1月10日，保质期为 12 个月。这批货物急需入库验收。

（1）应该采取何种质量验收方式对这批货物进行质量验收？

（2）验收质量时发现哪些现象，我们可将其作为疑问商品或不合格商品进行处理？

二、货物编码

大部分商品都有商品号码及条码，但有时为了物流管理及存货管理方便，仓库会结合自己的物流作业信息系统，为商品编上货物代号及物流条码，以方便货位管理系统使用，并掌握商品的流向。

（一）货物编码的概念

货物编码也称物料编码，是指将货物按分类内容进行有序的编排，并用简明的文字、符号或数字代表货物的名称、类别及其他有关资料的一种方式。

（二）货物编码的类型

货物编码的主要类型有阿拉伯数字型、英文字母型、混合型、条码等，其中常用的是阿拉伯数字型。

1. 阿拉伯数字型

阿拉伯数字型是以一个或多个阿拉伯数字代表一种货物的编码类型。阿拉伯数字可细分为连续数字编码型、层次式数字编码型、区段数字编码型。

（1）连续数字编码型：是指先将所有货物按某种方式大致排列，然后自 1 号起依顺序编排流水号。该类型编码的优点是简单明了、易于追加，缺点是无分类功能，组织性和体系性较差。连续数字编码一般应用于项目少的货物。

（2）层次式数字编码型：又叫分级式数字编码型，是指先将货物按主要属性分为大类并编定其号码，然后再将各大类根据次要属性细分为较次级的类别并编定其号码，如此逐层逐级进行下去。层次式数字编码共有 8 位数字，分 4 层，每两位数为一层，从左往右分别代表体系中的大类、中类、小类、细目，如图 4.3 所示。由此可见，代码的结构反映了分类体系中不同类目间的层次关系。

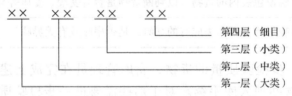

图 4.3　层次式数字编码结构

（3）区段数字编码型：主要以区段为单位，每个号码代表的货位区域很大，因此该编码类型适用于容易单位化的货物，以及大量或保管周期短的货物。

2. 英文字母型

英文字母型是指将英文字母作为代码的货物编码类型。英文字母 I、O、Q、Z 与阿拉伯数字 1、0、9、2 容易混淆，故不采用，除此之外，尚有 22 个字母可用。

3. 混合型

混合型是指综合使用英文字母与阿拉伯数字作为货物代码，多以英文字母代表货物的类别或名称，其后再用十进制或其他方式编排阿拉伯数字。这种货物编码目前应用得较为普遍。

4. 条码

条码是由一组规则排列的条、空及其对应的字符组成的，是表示货物特定信息的标识。条码技术的应用能够促进国际贸易的发展。商品想要在国际市场上有竞争力，不仅要质量好、包装好，而且必须有符合自动扫描结算要求的条码。条码已成为商品进入国际市场的"通行证"。随着国际通用条码在世界范围内的迅速普及，没有条码的商品很快就会失去立足之地。

码制是指条码中条和空的排列规则。目前，世界上常用的码制有 UPC（Uniform Product Code，通用货物代码）、EAN（European Article Number，欧洲物品代码）、二五条码、交叉二五条码、库德巴条码、三九条码和 128 条码等。而商品中最常用的是 UPC 和 EAN。由于国际上存在两种通用的编码系统，因此我国商品销往美国、加拿大时使用 UPC，而出口到其他国家和地区则需要使用 EAN。

（1）UPC 是由美国和加拿大共同组织的统一编码委员会（Universal Code Council，UCC）以 IBM 公司提出的"Dalta-Distance"为基础而通过的码制。UPC 是美国、加拿大货物统一的标识符号。UPC 的构成如图 4.4 所示。

（a）UPC 标准码　　　　　（b）UPC 缩短码

图 4.4　UPC 的构成

（2）EAN 是欧洲物品编码协会（European Article Numbering Association，EANA）吸取了 UPC 的经验而确立的物品标识符号。EAN 是目前国际上使用最广泛的一种商品条码。我国自 1991 年 7 月加入该协会以来，一直推行使用该条码。EAN 有标准版（EAN-13）和缩短版（EAN-8）两种，标准版由 13 位数字构成，缩短码由 8 位数字构成。

EAN-13 一般由前缀码、制造商代码、商品代码和校验码组成。前缀码是用来表示国家或地区的代码；制造商代码的赋码权由各个国家或地区的物品编码组织所有，在我国，中国物品编码中心负责赋予制造商代码；商品代码的赋码权由生产企业行使，生产企业按照规定条件决定在何种商品上使用哪些阿拉伯数字作为代码；校验码只有 1 位，用来校验商品条码前 12 位的准确性。

商品条码的编制遵循唯一性原则，以保证商品条码在全世界范围内不重复，即一种商品只能有一个商品条码，一个商品条码只能表示一种商品。不同规格、不同包装、不同品种、不同价格、不同颜色的商品要使用不同的商品条码。

在我国，EAN 条码的前缀码为 690、691 时，EAN-13 的结构如图 4.5 所示。

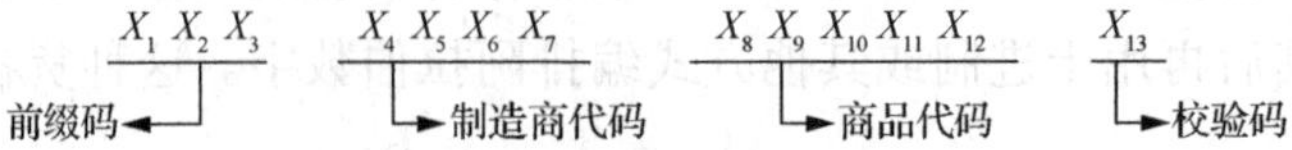

$$X_1\ X_2\ X_3 \quad\quad X_4\ X_5\ X_6\ X_7 \quad\quad X_8\ X_9\ X_{10}\ X_{11}\ X_{12} \quad\quad X_{13}$$
前缀码　　　　制造商代码　　　　商品代码　　　　校验码

图 4.5　EAN –13 的结构（1）

当前缀码为 692、693 时，EAN-13 的结构如图 4.6 所示。

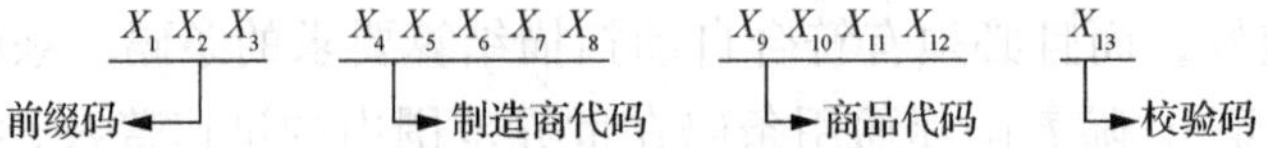

$$X_1\ X_2\ X_3 \quad\quad X_4\ X_5\ X_6\ X_7\ X_8 \quad\quad X_9\ X_{10}\ X_{11}\ X_{12} \quad\quad X_{13}$$
前缀码　　　　制造商代码　　　　商品代码　　　　校验码

图 4.6　EAN –13 的结构（2）

为了保证代码的唯一性，我国的商品项目识别代码由中国物品编码中心统一分配。

（三）货物编码的原则

微课 4-5

条码结构的秘密

进行货物编码的目的是进一步用文字、符号或数字表示货物，以适应国际、国内市场销售方式的变革，进而建立产、供、销信息系统，提高企业的经济效益。进行货物编码时需要遵循以下原则。

1. 唯一性

唯一性是指货物与其标识代码一一对应。虽然同一个编码对象可以有很多不同的名称，也可以按不同的方式进行描述，但在一个分类编码标准体系中，一个编码对象只有一个代码，一个代码只表示一个编码对象，即一个代码只代表一种商品。

2. 简易性

代码结构应尽量简单，长度尽量短，这样既便于记忆，也可以节省计算机存储空间，减少代码处理中的差错，提高信息处理效率。

3. 连贯性

每一种货物都用一种代码表示，而且必须统一，有连贯性。

4. 充足性

代码所采用的文字、符号或数字应足够用来编号。

5. 可扩充性

当前使用的代码有扩充的余地。

6. 适应性

代码要尽可能反映货物的特点，易于记忆、暗示和联想。此外，代码还必须适应管理工作的具体需要。

（四）货物编码的 4 种方法

代码的种类很多，常见的有无含义代码和有含义代码。无含义代码通常可以采用顺序码和无序码进行编排；有含义代码则通常是在对货物进行分类的基础上，采用序列顺序码、数值化字母顺序码、层次码、特征组合码及复合码等进行编排的。不同代码的编制方法也不完全相同。在配送中心货物编码中，常见的方法如下。

1. 顺序编码

顺序编码又称流水编码，即将阿拉伯数字或英文字母按顺序往下编码。其优点是代码简单、使用方便、易于扩充，对编码对象的顺序无任何特殊规定和要求。其缺点是代码本身不会给出任何有关编码对象的其他信息。在物流管理中，顺序编码常用于为账号及发票编号等。在少品种、多批量的配送中心，顺序编码也可用于对货物进行编码，但为了使用方便，必须搭配编码索引。

【例 4.1】顺序编码可以描述如下。

编码	商品名称
1	香皂
2	肥皂
3	洗涤剂
……	……
N	洗衣粉

2. 层次编码

层次编码以编码对象的层次关系为编码顺序。编码时，代码分成若干层次，并与编码对象的分类层级相对应，代码自左至右表示层级由高到低，左端为最高层级代码，右端为最低层级代码，每个层级的代码可采用顺序码或系列顺序码。

【例 4.2】075006110 层次编码的描述如图 4.7 所示。

商品	类别	形状	供应商	尺寸	意义
编码 075006110	07				饮料
		5			圆瓶
			006		统一
				110	100 mm×200 mm× 400 mm

图 4.7　075006110 层次编码的描述

层次编码的优点是能明确表示编码对象的类别，代码结构简单，容量大，便于计算机统计；缺点是层次较多，位数较长。

3. 实际意义编码

实际意义编码是根据货物的名称、重量、尺寸，以及分区、储位、保存期限或其他特性的实际情况进行编码。这种编码方法的特点在于人们通过代码能很快了解货物的内容及相关信息。

【例 4.3】 FO4915B1 实际意义编码的描述如图 4.8 所示。

编码		含义
FO4915B1	FO	表示食品（food）类
	4915	表示货物的尺寸为 4 mm×9 mm×15 mm
	B	表示货物存储在B区
	1	表示货物存储在第一排货架

图 4.8　FO4915B1 实际意义编码的描述

4. 暗示编码

暗示编码是综合运用数字与文字的编码。

【例 4.4】 BY005WB10 暗示编码的描述如图 4.9 所示。

属性	货物名称	型号	颜色与形式	供应商
编码	BY	005	WB	10
含义	表示自行车 （bicycle）	表示型号为 005	W表示白色 （white）， B表示男孩 （boy）	表示供应商 的代号

图 4.9　BY005WB10 暗示编码的描述

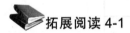

拓展阅读 4-1

编码的注意事项

（1）编码应尽可能反映物料大类。

物料大类可以让我们对物料的类别有一个直接的判断。物料大类的划分原则往往是：第一码代表产成品、半成品、原材料、辅料、低值易耗品，主要供财务使用；第二码代表真正的类别，根据企业的具体情况而定。

（2）编码需要长短适中。

按照人的记忆习惯，7~13 位的编码是比较合理的。

（3）避免使用难以区分的字符。

如果单纯使用英文字母进行编码，如 G 和 J，一部分人会因为发音不标准而难以对二者进行区分。另外，大写英文字母 I 打印出来和数字 1 看起来很像，小写英文字母 o 打印出来和数字 0 看起来很像。我们在制定编码规则的过程中，要尽量避免使用这些容易产生混淆的字符。

（4）不要把可能变动的信息编入编码。

例如，一些企业将员工编码规则定为：部门号+流水码。这是不合理的编码方式，员工如果发生人事变动，编码就无法准确描述其所在部门。如果员工的部门和岗位变动频繁，编码反而会给企业带来困扰。

 知识巩固

一、不定项选择题

1. （　　　）是指仓库在物品正式入库前，按照一定的程序和手续，对到库物品进行数量和外观质量的检查，以验证它是否符合订货合同规定的一项工作。

　A. 核查　　　　　B. 接管　　　　　　　　C. 校对　　　　　　　　D. 货物验收

2. 货物验收的主要环节包括（　　　）。

　A. 核对证件　　　B. 验收数量　　　　　C. 验收质量　　　　　D. 货物编码

3. 编码 6900014123459 中表示校验码的数字是（　　　）。

　A. 4　　　　　　B. 9　　　　　　　　　C. 5　　　　　　　　　D. 3

二、简答题

1. 简述常见的码制。

2. 描述 EAN-13 的组成及其表示的含义。

3. 简述常见的货物编码原则。

 技能训练

　　某物流仓库将对新入库的货物进行编码，货物的具体信息如下：美的饮水机箱体尺寸为 400 mm×400 mm×800 mm，西门子洗衣机箱体尺寸为 600 mm×600 mm×800 mm，金龙鱼食用油箱体尺寸为 800 mm×600 mm×600 mm，云南干红葡萄酒箱体尺寸为 400 mm×600 mm×300 mm，白猫洗衣粉及白象牌食盐、天使薯片箱体尺寸为 250 mm×300 mm×300 mm，供应商的编号依次为 001—007，存放区域分别为 A、B、C、D、E、F、G 区。请用层次编码、实际意义编码和暗示编码等方法对以上 7 种货物分别进行编码。

 # 单元三　货物堆码与上架

　　当完成货物的验收与编码后，接下来的任务是完成货物堆码与上架。只有完成了货物的上架工作，货物的入库作业才算正式完成。

一、堆码

货物堆码方法有散堆法和垛堆法两种。作业人员要根据货物的品种、性质、包装、体积、重量等情况，同时还要依照仓库的具体储存要求，从有利于库内管理的角度确定货物的堆码方法，从而使货物堆码科学合理。

（一）散堆法

散堆法是一种将无包装的散货直接堆成货垛的货物堆码方法，特别适合露天存放的没有包装的大宗货物，如煤炭、矿石、散粮等。散堆法操作简单，便于采用现代化的大型机械设备，有利于节约包装成本，提高仓容利用率。

（二）垛堆法

有包装的货物和裸装的计件货物一般采用垛堆法。垛堆法的具体方式有重叠式、压缝式、纵横交错式、通风式、栽柱式、俯仰相间式等。垛堆法具体方式的选择主要取决于货物本身的性质、形状、体积、包装等。一般情况下，货物多平放（卧放），重心较低，最大接触面向下，这样易于堆码，货垛也更稳定牢固。

1. 重叠式

图 4.10 所示为重叠式（又称宜叠式），货物逐件、逐层向上整齐地码放。采用这种方式的货垛稳定性较差、易倒，这种方式一般适合袋装、箱装、平板式的货物。

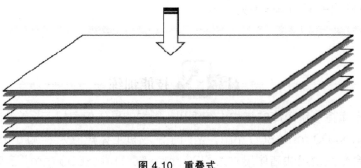

图 4.10　重叠式

2. 压缝式

图 4.11 所示为压缝式，即上一层货物跨压在下一层两件货物之间。如果每层货物都不改变方向，则形成梯形。如果每层货物都改变方向，则类似于纵横交错式。

图 4.11　压缝式

3. 纵横交错式

纵横交错式即每层货物都在改变方向后向上堆放。采用这种方式的货垛稳定性较好，但操作不便，一般适合管材或扣装、长箱装货物。

4. 通风式

图 4.12 所示为通风式。采用通风式堆垛时，相邻货物之间留有空隙，以便通风防潮、散湿散热。这种方式一般适合箱装、桶装及裸装货物。

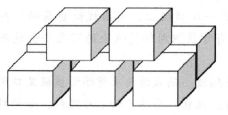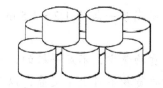

图 4.12　通风式

5. 栽柱式

栽柱式即码放货物前在货垛两侧栽上木桩或钢棒等桩柱，形成 U 形货架，然后将货物平放在桩柱之间，码了几层后用铁丝将相对两边的桩柱拴连，再往上摆放货物。这种方式一般适合棒材、管材等长条形货物。

6. 俯仰相间式

图 4.13 所示为俯仰相间式，即对于上下两面有大小差别或凹凸的货物，如槽钢、钢轨等，将货物仰放一层，再伏放一层，仰伏相间相扣。采用这种方式码货，货垛较为稳定，但操作不便。

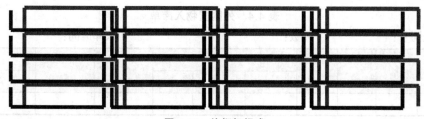

图 4.13　俯仰相间式

7. 货架式

货架式即直接使用通用或专用的货架进行货物堆码。这种方式适合不堆高，需要特殊保管的小件、高值、包装脆弱或易损的货物，如百货、五金、药品等。

8. 成组堆码式

成组堆码式即采取货板、托盘、网格等工具，使货物的堆存单元扩大，一般以密集、稳固、多装为原则，同类货物组合单元应高低一致。采用这种方式可以提高仓容利用率，实现货物的安全搬运和堆存，还能够提高劳动效率，减少货损货差。

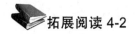

货物堆码要求

（1）货物要堆码在栈板上，不能超出栈板的四边，且须留出 1～2 cm。货物应按照包装尺寸合理摆放，保持整板货物的稳定性。

（2）货物的堆码必须符合包装上储运标志的规定，严禁超高、超重、超限额、倒置、侧置存放。若有特殊摆放要求，则按该要求进行摆放。

（3）同一批次的同一种货物应堆码在一块栈板上，或用栈板叠高码放在一起。一块栈板堆码高度一般为 1.2～1.5 m，长期有货位但周转量较小的可在安全范围内调高至 1.8 m。

（4）货物量少，不足一板的，可拼板码放。码放时要求货物沿栈板叉口纵向排列，不同品种的货物不可上下交叠，以免混淆。注意：某些货物不可混放，如调料和咖啡、茶叶等。

二、上架

（一）填写入库单

货物验收合格后，仓库管理员根据货物验收的结果，依实际情况填写入库单。在填写入库单时，仓库管理员应做到内容完整、字迹工整清晰，并于每日工作结束后对入库单的存根联进行整理归档。

入库单是记录货物入库相关信息的单据。根据入库货物的来源不同，入库单可以分为外购货物入库单和成品入库单两种，分别如表 4.4、表 4.5 所示。

表 4.4　外购货物入库单

采购合同号：　　　　　　件数：　　　　　　　　　　入库时间：

货物名称	品种	型号	编号	数量			进货单价	金额	结算方式	
				进货量	库存量	量差			合同	现金

采购经理：　　　　采购员：　　　　　　　仓库管理员：　　　　　　核价员：

表 4.5　成品入库单

编号：　　　　　　　　　　入库时间：

货物名称	型号	包装规格	编号	数量	生产日期	批号	检验单号

入库人：　　　　　　　复核人：　　　　　　　仓库管理员：

入库单的内容及使用要求如表 4.6 所示。

表 4.6　入库单的内容及使用要求

类别	内容	使用要求
外购货物入库单	企业从外单位采购的原材料或成品入库时填写的单据，需要记录货物名称、编号、进货量、进货单价、采购合同号、金额、结算方式等	一式三联：第一联为仓库登记实物联；第二联为采购员办理付款联；第三联为财务存根联
成品入库单	企业自己生产的货物存入仓库的凭证，包括货物的基本信息、生产日期、检验单号等	一式三联：第一联为仓库存根联；第二联交生产部；第三联为财务核算联

（二）登记明细账

为了对入库货物进行更好的管理，正确反映货物在库房的情况，仓库管理员要根据货物的具体情况选择合适的账册。

1. 明细账册的类别

普通实物明细账（见表 4.7）主要用于记录货物名称、货物编号、计量单位、最高存量、最低存量、日期、凭证、摘要、收入、发出及结存等情况。

表 4.7　普通实物明细账

货物名称：　　　货物编号：　　　计量单位：　　　最高存量：　　　最低存量：　　　存放地点：

年		凭证		摘要	收入	发出	结存
月	日	种类	号码				

库存明细账（见表 4.8）在普通实物明细账的基础上记录了各类货物的存货情况。

表 4.8　库存明细账

货物名称：　　　货物编号：　　　规格：　　　计量单位：　　　库区：

年		凭证		摘要	收入		发出		结存		其中（A）		其中（B）	
月	日	种类	号码		批号	数量	批号	数量	批号	数量	批号	数量	批号	数量

2. 登账时填写要求

（1）登账凭证。仓库管理员在登记普通实物明细账时，必须使用正式的合法凭证，如入库通知单、领料单等。

（2）记录方法。记账时要按照时间顺序连续、完整地填写各项记录。

（3）书写要求。使用蓝黑色墨水，注意书写工整、清晰，禁止使用红色墨水笔、铅笔、圆珠笔进行书写。

（4）错误处理。如果发现登账错误，应在错误处画红线，表示注销，再将正确的内容填写在规定的位置，并在修改处盖章。

三、设置保管卡

完成登账工作之后，还需要设置保管卡。

（一）保管卡的内容

（1）货物的状态，如待检验、待处理、合格、不合格等。

（2）货物的名称、规格、供应商、货物批次。

（3）货物入库、出库及库内货物数量等信息。

（二）使用保管卡时的注意事项

1. 保管卡的存放位置

仓库管理员在设置保管卡的时候，要将卡片悬挂在明显的位置，保证其牢固，并能及时填写。保管卡一般放在上架货物的下方或者货垛上。

2. 保管卡的内容更新

仓库管理员根据作业的内容及时更新保管卡上的内容，应注意以下几点。

（1）新货入库的时候，要设置新的保管卡。

（2）当货物入库、出库、盘点后，要及时处理保管卡上的数据信息。

（3）当货物下架后，要及时撤出保管卡，并将其放入相应的货物档案中。

（三）建立货物档案

建立货物档案旨在将入库作业过程中有关的资料、证件分类保存，详细记录货物入库前后的活动全貌。建立货物档案的具体步骤如下。

1. 收集资料

货物档案反映了货物入库、保管及出库的所有变化。为了建立完善的货物档案，仓库管理员需要搜集以下资料。

（1）货物入库资料，包括出厂的各种证明、装箱单、合格证、技术证明、发货明细表等。

（2）货物保管资料，包括货物在库期间接受的各种检查、保养，产生的损益、变动等的记录，以及库内温湿度的变化对货物的影响等。

（3）货物出库资料，即货物出库时的凭证，包括出库单、领料单、调度单等。

2. 建立并保管货物档案

货物入库后，仓库管理员应该建立相应的货物档案，并根据货物的具体情况，及时更新货物档案的内容，具体要求如下。

（1）仓库管理员对货物进行统一编号，以便日后查阅，并防止货物档案丢失。

（2）仓库管理员根据货物档案的特征确定其保管期限。一般而言，货物档案在仓库内的保管期限是1年，保管期限满后，按照相关程序移交。

（3）仓库管理员应做好货物档案的更新工作：①及时收集新资料，并将其放置在货物档案中；②货物全部出库后，除了必须随货物同行而不能以复印件抄送的技术性文件，其余文件均要保留在货物档案里，并将货物出库资料整理好一并归档。

 知识巩固

一、不定项选择题

1. 常见的堆码方式中，（   ）是将货物逐件、逐层向上重叠堆码，一件压一件的堆码方式。

    A. 重叠式　　　B. 纵横交错式　　　C. 俯仰相间式　　　D. 压缝式

2. 保管卡的具体内容不包括（   ）。

    A. 货物的状态　　　　　　　　　　B. 货物的名称

    C. 出入库信息　　　　　　　　　　D. 货物的来源地

3. 货物堆码存放的基本方法有（   ）。

    A. 平堆法　　　B. 散堆法　　　C. 罗列法　　　D. 垛堆法

4. 仓库入库作业完成的标志是（   ）。

    A. 堆码　　　B. 登账　　　C. 上架　　　D. 验收

二、简答题

1. 简述重叠式堆垛的缺点。

2. 简述纵横交错式堆垛的优缺点。

3. 简述通风式堆垛的适用范围。

4. 简述仓库入库的作业流程（可制作思维导图展示）。

技能训练

根据货物的尺寸，对货物进行堆码排列。货格总高度为1 350 mm，托盘厚度为150 mm，货物顶部距离货架上横梁要不小于150 mm，要求堆码尽可能多的货物。请以小组的形式，完成以下货物的堆码。

（1）尺寸：600 mm×325 mm×330 mm。

（2）尺寸：600 mm×400 mm×400 mm。

（3）尺寸：345 mm×215 mm×250 mm。

05 模块五
在库作业管理

【学习目标】

知识目标
1. 了解装卸搬运的概念与特点
2. 了解流通加工的概念与作用
3. 掌握盘点的方法

能力目标
1. 能够对装卸搬运作业进行合理化处理
2. 能够对流通加工作业进行合理化处理
3. 能够实施盘点作业

素质目标
1. 具有在库作业管理的劳动意识
2. 具有在库作业管理的优化意识
3. 遵守在库作业管理的动作规范

【案例导入】

某医药有限公司装卸搬运成本居高不下导致利润率难以提升

某医药有限公司是一个以市场为核心、现代医药科技为先导、金融支持为框架的新型公司。

虽然该公司已形成规模化的货物生产和网络化的市场销售，但其流通过程中的物流管理严重滞后，造成物流成本居高不下，不能形成价格优势。滞后的物流管理，成为公司业务发展的瓶颈。

装卸搬运活动是使物流各环节活动正常进行的关键，而该公司恰好忽视了这一点。由于搬运设备的现代化程度低，只有几个小型货架和手推车，大多数作业仍处于以人工作业为主的状态，工作效率低，且易损坏物品。另外，仓库设计不合理，长距离搬运是常态。同时，库内作业流程混乱，经常造成重复搬运，大约有 70% 的搬运属于无效搬运，过多次数的搬运不仅容易损坏物品，也浪费了时间。

【思考】面对该公司的现状，你能提出哪些改进措施？

单元一　库内物品的装卸搬运

一、装卸搬运的概念

装卸搬运是指在同一场所内进行的，以改变物品的存放状态与空间位置为主要内容和目的的活动，具体包括装上、卸下、移送、拣选、分类、堆垛、入库、出库等活动。

装卸是指在运输工具间或运输工具与存放场地（仓库）间，以人力或机械方式对物品进行载上载入或卸下卸出的作业过程。搬运则是指在同一场所内，以人力或机械方式对物品进行空间移动的作业过程。在实际操作中，装卸与搬运是密不可分的，二者常常被看作一种活动。

二、装卸搬运的特点

装卸搬运与物流的其他环节密不可分。例如，一般而言的"汽车运输"实际就包含装卸搬运，仓库中泛指的保管活动也含有装卸搬运。由此可见，装卸搬运具有伴生性的特点。一般情况下，由于物流活动以装卸搬运为起始点和终结点，因此装卸搬运又具有起讫性。同时，装卸搬运会影响其他物流活动的质量和速度，在有效的装卸搬运的支持下，才能实现高水平的物流活动。

装卸搬运还具有衔接性。任何其他物流活动，都是以装卸搬运衔接的。因此，装卸搬运往往也会成为整个物流发展的瓶颈，是决定物流各环节之间能否形成有机联系和紧密衔接的关键。

在仓储管理活动中，装卸搬运还具有作业量大、对象复杂等特点。装卸搬运所面对的货物种类繁多，它们在性质上、形态上、重量上、体积上及包装方法上都有很大区别。不同的处理方法会产生完全不同的装卸搬运作业，如单件装卸和集装化装卸、水泥的袋装装卸搬运和散装装卸搬运等。

微课 5-1

装卸搬运活动的特点

三、装卸搬运的方式

在一些国家与地区，装卸搬运已实现了机械化，处于半自动化与自动化阶段，一些高新技术被广泛运用于装卸搬运中，如自动定位、自动识别、自动分拣、远程操作等；装卸搬运在某些方面已实现了无人化作业，效率大大提高，这有利于解决物流发展的瓶颈问题。按照所使用工具的不同，搬运装卸一般分为以下几种方式。

（一）人工作业

人工作业是一种传统的装卸搬运方式，即通过人力肩扛式作业完成装卸搬运活动，常在一些传统库房或小件、少量装卸搬运活动中使用，在现代工厂和仓库中应用得较少。

（二）机械化作业

机械化作业是利用机械设备替代或辅助人工进行装卸搬运的方式，相应的机械设备包括手动搬运车、手动堆高车等。

（三）半自动化作业

半自动化作业即依靠人力（设备操作人员）操作具有自动化特征的装卸搬运设备完成装卸搬运活动的方式。半自动化作业和机械化作业的区别在于设备的自动化水平，后者不具备自动化特征，前者具备自动化特征，如半电动堆高车、半电动搬运车等。半自动化作业相比机械化作业更加省力。

（四）全自动化作业

全自动化作业就是利用高度自动化的装卸搬运设备进行装卸搬运活动的方式。全自动化作业是在机械化作业的基础之上加上控制系统，实现了去人工化。全电动堆高车、全电动搬运车、电动叉车、自动输送机等设备都是高度自动化的，同时也具有一定的智能化特点，技术人员只需要操作按钮即可完成整个装卸搬运过程。

（五）智慧装卸搬运

智慧装卸搬运是全自动化作业的更高级阶段，它不仅实现了作业过程的自动运行与自动控制，而且通过应用物联网、人工智能等技术，实现了作业环境的智能感知、作业方式的智能选择、作业状态的智能控制及应急情况的智能处置，从而达到装卸搬运无人化运作的要求。当前，智慧装卸搬运在智能工厂、无人仓库、智慧港口等物流作业场景中应用广泛，是物流场所升级改造、物流作业效率提高、物流管理水平优化的重要内容和有效途径。

四、装卸搬运的合理化措施

装卸搬运的合理化是指以尽可能少的人力和物力消耗，高质量、高效率地完成装卸搬运作业。因此，为使装卸搬运作业效率最大化，并最大限度地降低装卸搬运作业的货损率，我们应采取一些合理化的措施。

（一）防止和消除无效作业

无效作业是指装卸搬运作业中的那些不必要的或产生额外工作量的作业，防止和消除无效作业对提高装卸搬运作业的经济效益有重要作用。装卸搬运作业管理人员可从以下 4 个方面防止和消除无效作业，如表 5.1 所示。

表 5.1　防止和消除无效作业的方法

作业方法	操作要点或说明
减少装卸搬运次数	将装卸搬运次数减到最少，避免进行没有物流效果的装卸搬运作业
包装要适宜	使货物的包装轻型化、简单化、实用化，以便减少作用于包装上的无效作业
缩短作业距离	货物在装卸搬运的过程中，要实现水平和垂直两个方向的移动，如果选择最短的路线完成这一活动，就可避免无效作业

（二）提高搬运活性指数

搬运活性指数是指对货物进行装卸搬运作业的难易程度。在堆放货物时，管理人员要事先考虑对其进行装卸搬运作业的方便性。搬运活性指数根据货物所处的状态，即装卸搬运货物的难易程度，可分为不同的级别，具体如表 5.2 所示。

表 5.2　搬运活性指数级别

货物状态	货物移动的机动性	作业需求量（依次）				需作业的数目	搬运活性指数
		集中	搬起	升起	运走		
直接置于地面上	移动时需逐个用人力搬到运输工具上	是	是	是	是	4	0 级
置于容器内	可人工一次性搬运，但不便于使用机械搬运	否	是	是	是	3	1 级
置于托盘上	可方便地使用机械搬运	否	否	是	是	2	2 级
置于车内	不需要借助其他机械即可搬运	否	否	否	是	1	3 级
置于输送带上	货物处于移动状态	否	否	否	否	0	4 级

0 级——货物杂乱地堆在地面上的状态。

1 级——货物装箱或经捆扎后的状态。

2 级——装箱或经捆扎后的货物下面放有枕木或其他衬垫，便于叉车或其他机械设备作业的状态。

3 级——货物被放于台车上或用起重机吊钩钩住，可即刻移动的状态。

4 级——货物处于启动、移动作业的状态。

从理论上讲，搬运活性指数越高越好，但必须考虑到实施的可能性。例如，货物在储存阶段中，搬运活性指数为 4 级的输送带和搬运活性指数为 3 级的车辆在一般的仓库中很少被采用，这是因为大批量的货物不可能存放在输送带和车辆上。在整个物流过程中，货物需要经过多次装卸搬运，前一步的卸货作业与后一步的装载或搬运作业关系密切。因此在组织装卸搬运作业时，管理人员应灵活运用各种装卸搬运工具和设备，并且上一道作业的开展要为下一道作业的开展着想，以提高搬运活性指数。

（三）实现装卸搬运作业的省力化

装卸搬运要使物料发生垂直和水平方向的移动，因此我们应尽力实现装卸搬运作业的省力化。

在装卸搬运作业中应尽可能消除重力的不利影响。在有条件的情况下利用重力进行装卸，可减轻劳动强度和减少能量消耗。将小型输送带（板）斜放在货车、卡车或站台上，使物料在倾斜的输送带（板）上移动，这种装卸就是靠重力的分力完成的。在搬运作业中，把物料放在一台车上，由车承担物料的重量，我们只要克服滚动阻力，使物料滚动前行，这无疑是十分省力的。

使用重力式货架也是一种利用重力进行省力化装卸的方式之一。重力式货架的货架层板均有一定的倾斜度，货箱或托盘可沿着倾斜的货架层板滑到输送机械上。物料滑动的阻力越小越好，因此重力式货架的表面会处理得十分光滑，或者在货架层上装有滚轮，有的货箱或托盘下也装有滚轮，这样滑动摩擦会变为滚动摩擦，物料移动时受到的阻力会更小。

（四）提高装卸搬运作业的机械化水平

提高装卸搬运作业的机械化水平主要包括以下几个方面的内容。

（1）确定装卸搬运任务量。管理人员应根据物流计划、经济合同、装卸搬运作业不均衡程度、装卸搬运次数、装/卸车时限等，来确定作业现场的年、季、月、旬、日平均装卸搬运任务量。装卸搬运任务量可事先确定，但也有临时变动的可能。因此，要合理地运用装卸搬运设备，就必须把计划装卸搬运任务量与实际装卸搬运任务量之间的差距缩到最小。同时，管理人员还要把装卸搬运作业物料的品种、数量、规格、质量指标及装卸搬运距离尽可能详细地规划出来。

（2）根据装卸搬运任务和装卸搬运设备的生产率，确定装卸搬运设备需用的数量及其技术特征。

（3）根据装卸搬运任务、装卸搬运设备的生产率及其需用数量，编制装卸搬运作业进度计划，其内容通常包括装卸搬运设备的作业时间表、作业顺序、负荷情况等。

（4）下达装卸搬运作业进度计划，安排劳动力和作业班次。

（5）统计和分析装卸搬运作业成果，评价装卸搬运作业的经济效益。

随着生产力的发展，装卸搬运的机械化程度不断提升。装卸搬运的机械化能把人从繁重的体力劳动中解放出来，尤其对于危险品的装卸搬运，其机械化能保证人和物料的安全。

（五）推广组合化装卸搬运

在装卸搬运作业过程中，管理人员应根据物料的种类、性质、形状、重量等确定装卸搬运方法。物料的装卸搬运方法有3种：对普通包装的物料逐个进行装卸搬运的方法叫作"分块处理"，将颗粒状物料不加小包装而原样装卸搬运的方法叫作"散装处理"，对物料以托盘、集装箱、集装袋为单位进行组合化装卸搬运的方法叫作"集装处理"。对于包装的物料，尽可能进行"集装处理"，以实现组合化装卸搬运，这样可以充分利用机械进行操作。组合化装卸搬运具有以下优点。

（1）作业量大、作业效率高，可大量节约装卸搬运作业时间。

（2）能增强物料装卸搬运的灵活性。

（3）操作单元大小一致，易于实现标准化。

（4）不用手触及各种物料，可达到保护物料的效果。

（六）合理规划装卸搬运方式及其作业过程

合理规划装卸搬运作业过程是指对整个装卸搬运作业的连续性进行合理的安排，以减少运距和装卸次数。装卸搬运作业现场的平面布置是直接关系到装卸搬运距离的关键因素，装卸搬运机械要与货场长度、货位面积等相互协调。此外，要有足够的场地集结货场，并能够满足装卸搬运机械工作的要求，场内的道路布置要为装卸搬运创造良好的条件，以加速货位的周转。装卸搬运作业现场达到最小平面布置是减少装卸搬运距离最理想的方法。

要增强装卸搬运作业的连续性，应做到：作业现场装卸搬运机械合理衔接；不同的装卸搬运机械在相互联结使用时，它们的装卸搬运速率相等或接近；充分发挥装卸搬运调度人员的作用，一旦发现装卸搬运作业遇到障碍或处于停滞状态，装卸搬运调度人员应立即采取有力的措施进行补救。

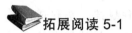 拓展阅读 5-1

装卸搬运员岗位职责及操作流程

1. 岗位职责

（1）做好与上一道作业的衔接和配合，保证货物入库和出库的移动与搬运不发生各种不合理的停顿。

（2）严格按照装卸搬运业务规定作业，搬运货物时做到轻拿轻放，不野蛮装卸和搬运，避免各种安全事故。

（3）根据货物的特性，合理选择与使用装卸搬运作业设备和工具，并做好日常维护和保养。

2. 岗位操作流程

装卸搬运员岗位操作流程如图 5.1 所示。

图 5.1　装卸搬运员岗位操作流程

流程一：货物到库时，装卸搬运员应在仓库管理员及护运员的指导下卸下货物，轻拿轻放，尽量避免造成货物损坏。

流程二：货物入库时，装卸搬运员应配合理货员将货物搬运至已安排好的储存位置。

流程三：货物入库后，装卸搬运员应在理货员的指导下将货物有顺序、有规则地堆垛。

流程四：货物出库时，装卸搬运员应在理货员的指导下将指定货物小心地搬运出库。

流程五：货物出库后，装卸搬运员应在护运员的指导下将货物装载。

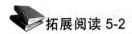
装卸搬运人员应当具备的 3 种职业素养

虽然装卸搬运工作正朝着设备化、机械化、智能化的方向发展，但装卸搬运员始终占据主导地位。所以，现代装卸搬运人员应该具备以下 3 种职业素养。

（1）科学。在实际的装卸搬运工作中，依靠经验判断进行装卸搬运的情况随处可见。例如，当起吊货物的时候，很多设备操作人员都会预估起吊物的重量，这样往往造成安全隐患。科学的方法是收集货物的信息，明确起吊物的重量，进而选择吨位合适的吊车。

（2）谨慎。装卸搬运是一个精细的工作，要求装卸搬运人员操作规范、全程谨慎，而精密设备的装卸搬运对装卸搬运人员的技术及操作技能的要求更高。相关调查显示，很多在装卸搬运过程中造成设备损坏的案例都是因为装卸搬运人员疏忽大意，这些损坏完全是可以避免的。

（3）诚实。在装卸搬运过程中，偶尔会出现刮擦、碰撞等情况，在大批量装卸搬运现场，这种小事件发生的概率就更大了。出现这种情况后，装卸搬运人员应如实汇报，并且将损失情况告知客户，坚守诚信的底线。

如果装卸搬运人员能够具备如上 3 种职业素养，将会极大地促进行业的规范和健康发展。

知识巩固

一、不定项选择题

1. 在同一地域范围内进行的，以改变物品的存放状态与空间位置为主要内容和目的的活动是（　　）。

    A．运输　　　　B．仓储　　　　　C．装卸搬运　　　　D．物流

2. 以下对装卸搬运作业的特点描述不正确的是（　　）。

    A．对象复杂　　　　　　　　B．作业量小

    C．作业不均衡　　　　　　　D．安全性要求高

3. 将货物置于托盘上，其搬运活性指数有所提高，为（　　）。

    A．1 级　　　　B．2 级　　　　　C．3 级　　　　D．4 级

4. 与其他环节相比，（　　）具有伴生性的特点。

    A．运输　　　　B．仓储　　　　　C．配送　　　　D．装卸搬运

二、简答题

1. 搬运的"运"与运输的"运"的区别在哪里？

2. 装卸搬运的合理化的内容有哪些？

技能训练

京东集团在 2007 年就开始自建物流，于 2017 年 4 月正式成立京东物流。目前，京东物流主要致力于为客户提供一体化供应链解决方案和物流服务。近年来，京东物流建立了包含仓储网络、综合运输网络、"最后一公里"配送网络、大件网络、冷链物流网络和跨境物流网络在内的六大网络，在仓储、运输配送、供应链领域进行创新。

2014 年，京东物流在上海建立了"亚洲一号"物流中心。"亚洲一号"物流中心使用了控制算法、工业设计、机械设计、电气工程等方面的创新型技术，使用的智能化装备包括 AGV、Delta 拣选机器人、智能穿梭车、智能叉车、交叉皮带分拣线等。同时，"亚洲一号"物流中心通过使用人工智能、大数据、图像识别、深度学习等信息技术赋予传统机器人自主判断能力，使用算法对仓库的各项运作过程进行规划与优化，极大地提高了运作效率。

截至 2022 年 3 月 31 日，京东物流运营约 1 400 个仓库，含云仓生态平台的管理面积在内，京东物流仓储总面积超过 2 500 万平方米。此外，位于嘉定工业区的京东智能产业园项目启动建设。该产业园具有无人仓、无人分拣中心等智能设施，致力于打造无人电商运营中心，为京东自营商品及入仓企业提供商品暂存、订单处理、分拣配送等全链条服务。京东物流的智慧物流体系能模拟人的思维，具备感知、学习、推理判断及自行解决问题的能力，可通过搭载射频识别、传感器、移动通信等技术，实现商品的全流程跟踪管理，让货物的分拣与配送更加自动化、信息化和网络化。

在运输配送方面，2016 年 9 月，京东物流发布无人配送车，并于 2017 年的"6·18"期间，在中国人民大学首次完成无人配送任务。取件人在配送机器人到达 5 分钟之前，就会通过手机收到提示短信，输入提货码后，配送机器人自动开启仓门，完成订单的无人配送，这解决了配送"最后一公里"的难题。为降低人力成本，京东物流还拓展了无人车的运用场景边界。2018 年，L4 级别无人重型卡车正式发布。该无人卡车可以完成自动转弯、自动避让绕行、紧急制动等复杂的驾驶行为，通过车身上的多个激光雷达、摄像头、传感器等设备，还可实现远距离的物体识别、距离估算，并做出判断，实施驾驶行为。通过视觉定位技术与高清地图的结合，系统对车辆的定位精确到厘米级，并且能为车辆精确制定行驶路线。

【思考】（1）"亚洲一号"物流中心应用了哪些智能化技术与装备？
　　　　（2）未来智慧物流技术在京东物流运营中可以发挥哪些功效？

单元二　库内增值作业管理

随着经济增长，国民收入增多，消费者的需求变得多样，这促使许多国家和地区的物流中心或仓库中都大量存在流通加工业务，这种现象在日本、美国等物流发达国家则更为普遍。

一、流通加工认知

流通加工是指在商品从生产地到使用地的过程中，企业根据需要对其施加包装、分割、计量、分拣、刷标志、拴标签、组装等简单作业的总称。

流通加工与生产加工的差异如下。

（1）加工的对象不同。流通加工的对象是进入流通过程的商品，因此流通加工并不属于生产加工中的一环，而生产加工的对象是原材料、零配件或半成品。

（2）加工的复杂程度不同。流通加工大多是简单加工，一般来讲，如果必须进行复杂加工才能形成人们需要的商品，那么这种复杂加工应该属于生产加工。生产加工过程应完成大部分加工活动，流通加工则是对生产加工的一种辅助及补充。需要指出的是，流通加工不能取代生产加工。

（3）加工的目的不同。生产加工的目的在于创造使用价值，而流通加工的目的则在于完善商品的使用价值，并在做有限改变的情况下提高其使用价值。

（4）加工的组织者不同。流通加工的组织者是从事流通工作的人员，能密切结合流通的需要进行加工活动。从加工单位来看，流通加工由商业或物资流通企业完成，而生产加工则由生产企业完成。

二、流通加工的作用

流通加工的作用主要包括以下几方面。

（一）提高原材料利用率

在流通加工环节，可将生产企业运来的简单规格货物，按使用部门的要求集中下料，有利于优材优用、小材大用、合理套裁，从而取得很好的技术经济效果。例如，北京、济南、丹东等城市的企业对平板玻璃进行流通加工（集中裁制、开片供应），平板玻璃利用率从 60%提高到 85.95%。

（二）进行初级加工，方便使用单位

用量小或临时需要商品的使用单位，缺乏对商品进行高效率初级加工的能力，流通加工可使使用单位省去对商品进行初级加工的设备及人力，从而方便了使用单位。目前发展较快的初级加工有：将水泥加工成生混凝土，将原木或板方材加工成门窗，冷拉钢筋及冲制异型零件，钢板打孔等。

（三）提高加工效率及设备利用率

建立集中流通加工点，采用效率高、技术先进、加工量大的专门机具和设备，这样做可提高加工质量、设备利用率、加工效率，从而降低加工费用及原材料成本。例如，一般的使用部门在对钢板进行下料时，采用气割的方法，这会产生较大的加工余量，导致出材率低，加工质量也不好；集中流通加工后，高效率的剪切设备的利用在一定程度上防止了上述问题的出现。

（四）使各种输送手段效率达到最高

流通加工将实物的流通分成两个阶段。一般说来，从生产企业到流通加工点这段距离长，而从流通加工点到消费环节这段距离短。第一阶段是在数量有限的生产企业与流通加工点之间进行定点、直达、大批量的远距离输送阶段，因此可以采用船舶、火车等运输手段；第二阶段则是利用汽车和其他小型车辆运输经过流通加工后的多规格、小批量、多用户商品的阶段。这样可以使各种输送手段效率达到最高，加快输送速度，节省运力运费。

（五）改变功能，提高收益

在流通加工环节，可以进行一些改变商品某些功能的简单加工，其目的在于提高商品销售的经济效益。例如，许多制成品（如洋娃娃玩具、时装、轻工纺织货物、工艺美术品等）在深圳进行简单的装潢加工，改变外观和功能，就可使售价提高 20%以上。因此，在物流领域中，流通加工可以成为高附加值的活动。流通加工主要着眼于满足用户的需要、完善服务与商品功能，是一种低投入、高产出的加工形式。

三、流通加工的合理化措施

流通加工的合理化是指实现流通加工的最优配置，即在满足社会需求这一前提的同时，合理组织流通加工，并综合考虑运输与加工、加工与配送、加工与商流的有机结合，以取得最佳的加工效益。

（一）不合理的流通加工

流通加工是在流通领域中对商品进行的辅助性加工，从某种意义上讲，它有效地补充和完善了商品的使用价值，但不合理的流通加工会产生负效应，所以应尽量避免不合理的流通加工。不合理的流通加工主要表现在以下方面。

1. 流通加工地点设置不合理

流通加工地点设置是影响流通加工有效性的重要因素。一般而言，为衔接单品种、大批量生产与多样化需求的流通加工，流通加工地点应设置在需求地，这样才能实现大批量的干线运输与多品种末端配送的物流优势。

假如将流通加工地点设置在生产地，其不合理之处在于：第一，具有多样化需求的商品会多品种、小批量地从生产地向需求地进行长距离运输；第二，在生产地增加了一个加工环节，同时增加了近距离运输、装卸、储存等一系列物流活动。在这种情况下，不如由原生产单位完成加工，而无须设置专门的流通加工地点。

即使生产地或需求地设置流通加工的选择是正确的，仍有流通加工在小地域范围内的选址问题，假如处理不善，仍然是不合理的。这种不合理主要表现在交通不便，流通加工地点与生产企业或用户之间距离较远，流通加工地点的投资过高（如受选址的地价影响），流通加工地点周围的社会、环境条件不良等。

2. 流通加工方式选择不当

流通加工不是对生产加工的代替，而是一种补充和完善。流通加工方式的选择需要根据生产加工的实际情况，综合考虑加工对象、加工工艺、加工技术、加工程度等因素，与生产加工进行合理分工。一般而言，假如工艺复杂、技术装备要求较高，或加工活动可以通过生产加工的延续而轻易解决，都不宜再设置流通加工。尤其是不宜让流通加工与生产加工争夺技术要求较高、效益较高的最终生产环节，更不宜利用一个时期市场的压迫力使生产变成初级加工或前期加工，并通过流通加工完成装配或最终形成商品。假如流通加工方式选择不当，就会出现流通加工与生产加工夺利的现象。

3. 流通加工效用不大

有的流通加工过于简单，对生产加工及消费者使用的效用都不大；有的流通加工比较盲目，不仅没有解决商品的规格、质量、包装等问题，而且增加了大量工作。这些都是不合理的流通加工。

4. 流通加工成本过高

流通加工的重要优势之一是有较大的产出投入比，因此具有补充完善生产加工的作用。假如流通加工成本过高，则不能实现以较低投入使商品具有更高使用价值的目的，除了一些必需的、因服从政策要求即使亏损也要进行的流通加工外，其余成本过高的流通加工都是不合理的。

（二）合理的流通加工

合理的流通加工，可以为企业带来更多的经济效益。企业可以通过以下措施促进流通加工合理化。

（1）流通加工和运输结合。在干、支线转运点设置流通加工，既可以充分利用干、支线转运本来就必须停顿的环节，又可以大大提高运输效率及转运水平。

（2）流通加工和配送结合。将流通加工设置在配送点中，可以按用户和配送的需要对商品进行加工；同时，流通加工又是配送业务流程中的一环，流通加工后的货物直接投入配送业务，这样就无须单独设置一个流通加工环节，从而使流通加工有别于独立的生产加工，并使流通加工与配送业务紧密地结合起来。此外，配送之前有加工环节，可使配送服务水平大大提高。这是当前使流通加工合理化的重要途径，在煤炭、水泥等的流通加工中表现得较为突出。

（3）流通加工和配套结合。商品在流通过程中往往有配套的需求，而配套的主体来自各个生产单位，因此完全依靠现有的生产单位有时无法实现完全配套。如果对商品进行适当流通加工，就可以有效促成完全配套，强化流通的桥梁与纽带作用。

（4）流通加工和商流结合。通过流通加工有效促进销售，使商流合理化。

（5）流通加工和节约结合。节约能源、节约设备、节约人力等是实现流通加工合理化应考虑的重要因素。

对于流通加工合理化的最终判断，是看流通加工是否能提高社会和企业本身的效益，是否有利于社会和企业取得最优效益。流通加工企业与一般生产企业的一个重要不同之处是，流通加工企业更应树立社会效益第一的观念，只有这样才有生存价值和发展空间。

知识巩固

一、不定项选择题

1. 流通加工的作用包括（　　）。
   A. 提高原材料利用率　　　　　　　B. 方便使用单位进行初级加工
   C. 提高加工效率及设备利用率　　　D. 使各种输送手段效率达到最高
2. 以下不属于流通加工合理化的途径的是（　　）。
   A. 流通加工和配套结合　　　　　　B. 流通加工和配送分离
   C. 流通加工和运输结合　　　　　　D. 流通加工和商流结合
3. 流通加工方式的选择需要综合考虑的因素包括（　　）。
   A. 加工对象　　　B. 加工工艺　　　C. 加工技术　　　D. 加工复杂程度
4. 流通加工的组织者一般是（　　）
   A. 生产商　　　B. 供应商　　　C. 流通工作人员　D. 消费者

二、简答题

1. 流通加工与生产加工的主要区别是什么？
2. 哪些流通加工是不合理的？流通加工合理化的途径有哪些？

技能训练

民以食为天，我们每天都在和不同的食品打交道。那么，琳琅满目的食品是如何流通到我们身边的呢？其实，食品的流通加工类型有很多。我们只要留意超市里的货柜就可以看出，那里摆放的各类洗净的蔬菜、水果、肉末、鸡翅、香肠、咸菜等都是流通加工的结果。这些商品的分类、清洗、贴商标和条码、包装等是在其摆进货柜之前进行的，这些流通加工都不是在产地进行的，已经脱离了生产领域，进入流通领域。请查阅相关资料找出与食品流通加工有关的具体项目。

单元三　盘点作业

为了保证账、物、卡三者相符，给下一步的物控、生产排计划做准备，企业需要对所持有的货物进行盘点作业。盘点是指为确定仓库内或其他场所内现存物料的实际数量，而对物料进行清点的活动。

一、盘点的目的

企业在营运过程中存在各种损耗，有的损耗是可以看见和控制的，有的损耗则是难以统计和计算的，如偷盗、账面错误等。因此，企业需要通过盘点获得盈亏状况。

企业通过盘点，一来可以控制存货，指导日常经营业务；二来能够及时掌握损益情况，以便真实地把握经营绩效，并尽早采取相应措施；三来可以核实管理成效。

具体来说，盘点可以达到如下目标。

（1）得知企业在本盘点周期内的盈亏状况。

（2）得知企业目前准确的库存金额，从而更新所有商品的计算机库存数据。

（3）得知损耗较大的营运部门、商品大组及个别单品，以便在下一个营运年度加强管理，减少损耗。

（4）发掘并清除滞销品、临期商品，整理环境，清除死角。

二、盘点的方法

微课 5-3

盘点的方法

常见的盘点方法有定期盘点和循环盘点、账簿盘点和实地盘点。

（一）定期盘点和循环盘点

1. 定期盘点

定期盘点即按照一定的期限，如 3 个月（一个季度）、6 个月（半年）等进行一次盘点。企业需同时对仓库、制程中的所有物品进行盘点，这就要求停止出入库、装卸搬运等物流活动。

2. 循环盘点

循环盘点即对规定的应盘点的物品，以几天的时间为周期进行盘点。

（二）账簿盘点和实地盘点

1. 账簿盘点

账簿盘点是指以记录每天的出入库数量及单价的库存总账簿或库存卡为准，再依照理论计算并且掌握库存数量的盘点方法。也就是说，账簿盘点是将仓库的进货、出货、存货量的连续变动数据统计并记录于账簿内。

如果没有将库存状况持续记录下来，在经营上就会出现许多问题。如果无法实行账簿盘点，则必须进行实地盘点，否则便无法得知利润的多寡。

2. 实地盘点

实地盘点是以实际调查得到的库存量计算库存额的盘点方法，又称实盘。在实际工作中，记录在账簿上的库存量与实际的库存量并非完全一致，这就要求相关人员必须对实际的库存量进行仔细的确认。

实地盘点的分类如下。

（1）依场地可分为仓库盘点、在制品盘点。

（2）依期限可分为定期盘点、不定期盘点、平日盘点。根据企业的规定，每个月、每半个月或每星期进行的盘点就是定期盘点。一般情况下，业务的每日盘点即平日盘点，这是许多企业最常用的盘点方法。不定期盘点只在需要时才进行。

（3）依方法可分为统一盘点、循环盘点。

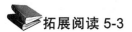 拓展阅读 5-3

盘点的原则

（1）真实原则。盘点的所有点数、资料必须是真实的，不允许弄虚作假，以掩盖漏洞和失误。

（2）准确原则。盘点过程要求准确无误，资料的输入、陈列的核查、点数的盘点都必须准确。

（3）完整原则。盘点过程，如区域的规划、原始资料的盘点、点数的盘点等，都必须完整，不要遗漏区域、遗漏商品。

（4）清楚原则。盘点属于流水作业，不同的人员负责不同的工作，所有资料必须清楚，人员的书写必须清楚，货物的整理必须清楚，这样才能使盘点顺利进行。

（5）团队精神。为了减少停业损失，加快盘点速度，各个部门必须有良好的配合与协调意识，以大局为重，使整个盘点工作按计划有序地进行。

三、盘点的过程

一般而言，盘点的过程主要包括盘点准备、盘点实施、盘点结果统计、盘点后期处理等。

（一）盘点准备

盘点准备可从以下几方面着手。

1. 盘点前的清理工作

盘点前的清理工作主要包括以下几项。

（1）供应商交来的还没办完验收手续的物料不属于本公司，归供应商所有，必须与公司的物料分开，以免将其盘入公司的物料中。

（2）已验收完成的物料应及时整理归仓，若一时来不及入仓，要暂存于仓库，记在仓库的临时账上。

（3）仓库关闭之前，必须通知各用料部门预领仓库关闭期间所需的物料。

（4）清理仓库，使仓库井然有序，便于计数与盘点。

（5）对呆料、不良物料和废料进行预先鉴定，并将其与一般物料划定界限，以便正式盘点时进行有效区分。

（6）将所有单据、文件、账卡整理就绪，未记账、销账的单据均应结清。

（7）仓库的物料管理人员应于正式盘点前找时间自行盘点，若发现问题，应做必要且适当的处理，以利于正式盘点工作的进行。

2. 盘点前的生产线退料

在盘点前，生产线必须做好退料工作。生产线的退料对象包括以下几项。

（1）规格不符的物料。

（2）超发的物料。

（3）不良的物料。

（4）呆料、废料。

（5）不良半成品。

生产线的退料工作在平时就要进行，若在盘点即将开始时才进行，往往会因工作繁杂而不易顺利开展并及时完成。盘点前，生产线的退料工作必须彻底进行，生产线所属工作场所（如生产线附近区域、工作桌抽屉、通风管等）都应彻底退料。

3. 盘点培训

为使盘点工作顺利进行，在进行定期盘点时，必须抽调人手增援。对于从各部门抽调来的人手，必须加以组织分配，并进行短期的培训，从而使每一位盘点工作人员掌握盘点的基本知识，完成各自的任务。盘点培训包括物料认知培训和盘点方法培训。

（1）物料认知培训

物料认知培训的重点在于培训复盘人员与监盘人员，因为复盘人员与监盘人员多半对物料不太熟悉。在盘点前，可以通过物料认知培训的方式将物料信息及时、有效地传递给复盘人员与监盘人员。

（2）盘点方法培训

盘点办法经会议通过后，即成为公司的制度。参加初盘、复盘及监盘的人员必须经过盘点方法培训，这样才能保证盘点工作顺利进行。

4. 校正度量仪器，准备盘点工具

对于盘点所需要用到的磅秤、台秤等仪器，必须事前仔细检查进行校正，并准备好盘点时会用到的计量用具及盘点票、盘点记录表等单据。

（二）盘点实施

以实地盘点为例，实地盘点一般包括初盘和复盘。

1. 初盘

（1）在指定时间停止仓库物料进出。

（2）各初盘小组在负责人的带领下进入盘点区域，至少两人一组，在仓管人员的引导下进行各项物料的清点工作。

（3）初盘人员在完成物料清点后，填写盘点卡，做到一物一卡。

（4）盘点卡一式三联，一联贴于物料上，另外两联交给复盘人员。

（5）初盘负责人组织专人根据盘点卡填写盘点清册。盘点清册一式三联，一联存于被盘仓库，另外两联交给复盘人员。

2. 复盘

（1）初盘结束后，复盘人员在各负责人的带领下进入盘点区域，在仓管人员及初盘人员的引导下进行物料复盘工作。

（2）复盘可以是 100%复盘，也可以是抽盘，具体比例由盘点领导小组确定，但复盘比例不可低于 30%。

（3）复盘人员根据实际状况，进行由账至物的抽盘作业或由物至账的抽盘作业。

由账至物，即在盘点清册上随意抽出若干项目，逐一至现场核对，检查盘点清册、盘点卡与实物三者是否一致。

由物至账，即在现场随意指定一种物料，再对照盘点清册、盘点卡进行核对，检查三者是否相符。

（4）复盘人员对核对无误的项目，在盘点卡与盘点清册上签字确认；对核对有误的，应会同初盘人员、仓管人员修改盘点卡、盘点清册中所载的数量，并签字确认。

（5）复盘人员将两联盘点卡及两联盘点清册（如表 5.3 和表 5.4 所示）一并上交财务部。

表 5.3　物料盘点清册

编号：　　　　　　　　部门：　　　　　　　　盘点日期：

盘点卡号	料号	单位	实盘数量	账面数量	差异数量	单价	差异金额	差异原因	储放位置
合计									
说明									

会计：　　　　　　　　复盘：　　　　　　　　盘点人：

表 5.4　成品/在制品盘点清册

日期：

盘点卡号	料号	品名	规格	数量	单位	使用状况	备注

主管：　　　　　　　　复盘：　　　　　　　　盘点人：

（三）盘点结果统计

1. 统计盘点结果

盘点单是盘点出的实际库存量的原始记录单据，盘点人员应在盘点结束后打印出各仓位对应的盘点单，避免遗漏。

2. 根据盘点结果填写相应表单

（1）盘点差异分析表如表 5.5 所示。

表 5.5　盘点差异分析表

物品编号	仓位号码	单位	原存数量	实盘数量	差异数量	差异率	单价	金额	差异原因	累计盈亏数量	累计盈亏金额	建议对策
合计									合计			

（2）盘点异动报告表如表 5.6 所示。

表 5.6　盘点异动报告表

盘点日期	物品编号	物品名称	盘盈数量	盘亏数量	盈亏金额	原存数量	实盘数量	累计盈亏数量	单价	累计盈亏金额

微课 5-4

盘点异常常见问题及处理

（四）盘点后期处理

1. 盘点差异确认

核对盘点所得资料与账目，如发现账物不符，则应追查原因，从以下方面着手。

（1）账物不符是否确实，是否存在因料账处理制度存在缺陷而造成料账无法准确反映物料数目的现象。

（2）是否存在由于料账员素质过低产生记账错误或进料、发料的原始单据丢失而造成料账不足的现象。

（3）是否存在因盘点人员不慎多盘或对盘点人员的培训工作不到位而造成错误的现象。

（4）盘点与料账的差异是否在容许范围之内。

（5）找出盘盈、盘亏的原因，看今后是否可以事先设法预防或降低账物差异的程度。

查明以上事项的同时，应将相关情况填入库存盈亏明细表中，如表 5.7 所示。

表 5.7　库存盈亏明细表

类别：　　　　　　　　　　　　　　　日期：

项次	品名	物料编号	单位	账面数量	盘点数量	差异	差异原因

厂长：　　　　　　　　　主管：　　　　　　　　　制表：

2. 盘点差异处理

（1）修补改善工作。

① 依据管理绩效，对分管人员进行奖惩。

② 料账、物料管制卡的账面纠正。

③ 迅速订购不足料。

④ 迅速处理呆料、废料。

⑤ 加强整理、整顿、清扫、清洁工作。

（2）预防工作。

① 若呆料比例过大，应设法研究，致力于降低呆料比例。

② 当存货周转率过低、存料过多导致资金占用过大、财务负担过重时，应设法降低库存量。

③ 当物料周转率过高时，应设法改进物料需求计划与库存管理计划，加大生产与采购的配合力度。

④ 若料架、物料存放地点等影响到物料管理绩效，应设法改进。

⑤ 成品成本中物料成本占比过大时，应探讨物料采购价格偏高的原因，设法降低物料采购价格或寻找廉价的替代品。

⑥ 物料盘点工作完成以后，对于差额、错误、变质、呆滞、亏损等问题，应分别予以处理，并防止其再次发生。

3. 调整账面存量

根据盘点后的差异结果，仓管人员要办理库存账目、保管卡的更改手续，以保证账、物、卡相符。

（1）调整库存账目。仓管人员应该根据盘点的结果，在库存账目中对盘亏数量做发出处理，对盘盈数量做收入处理，并在摘要中注明盘盈或盘亏，如表 5.8 所示。

表 5.8　调整库存账目

单位：件

年		凭证		摘要	收入	发出	结存
月	日	种类	号码				
……	……	……	……	……	……	……	……
12	30	领料单	06123005			5 000	146 000
1	1	盘点单	070101	盘亏		5 000	141 000

（2）调整保管卡。仓管人员在调整保管卡时，应该在收发记录页中做好记录，如表 5.9 所示。

表 5.9　调整保管卡

单位：件

收发记录							
日期	单据号码	发料量	存量	收料量	退回	订货记录	备注
……	……	……	……	……	……	……	……
12 月 30 日	10123005	5 000	146 000				
1 月 1 日	110101	5 000	141 000				盘亏

4. 盘点异常的原因及其应对策略

盘点异常的原因及其应对策略如表 5.10 所示。

表 5.10　盘点异常的原因及其应对策略

序号	盘点异常的原因	应对策略
1	作业时不够专心	对于经常工作不专心和粗心大意的员工，企业必须做相应的处理，必要时可开除
2	操作流程不够全面	企业应要求员工不断总结经验，遇到问题时及时处理，分析问题的根源，寻求相应的改进措施，并做好记录，完善操作流程。同时，多听取来自一线操作人员的意见和建议，多开展一些业务操作讨论会，共同制定完善的操作流程
3	不按操作流程作业	企业要求员工严格按照操作流程作业，绝不能因为自己有经验而不按操作流程作业，更不能因为操作流程复杂而按自己的想法作业
4	对业务不够熟悉	企业应加强对员工的业务培训，提高员工的业务水平，增强员工的综合素质，从而打造一个业务素质过硬的团队
5	犯第一思维错误	员工在作业时应配备计算器和其他作业需要用品，利用计算器避免第一思维的错误，并于操作完毕前对自己所收的货或所发的货物进行核查
6	过于疲劳操作	企业应要求员工上班时精神饱满，建议疲劳的员工充分休息并做好记录
7	仓管人员、叉车手与搬运工之间的沟通不畅	企业应加强仓管人员、叉车手与搬运工之间的沟通，对于一些常用的物料进行统一命名，这样可以减少他们之间的误解
8	审单不清	员工在处理一份作业单前，必须对单据认真审查一次，完全清楚单据要求后方可作业，对有不明白的地方要及时与数据员或调度员沟通，对仍不明白的地方要及时与客户联系

序号	盘点异常的原因	应对策略
9	数据不准确	员工在把单据信息录入计算机系统时一定要认真仔细,不允许有任何差错,录入完毕后要再核查一遍,若发现差错必须及时改正。同时,企业要对数据系统加强管理,数据系统必须由专项人员负责,其他人员不能随便动用数据系统,并且数据要定期备份。对于库位的问题,企业最好对仓库进行分区,尽可能把同品同类货物放到同一个区域
10	盲目相信其他人	员工在作业时,必须亲自确认作业要求后才能作业

 **知识巩固**

一、不定项选择题

1. 盘点可以实现的目的包括（　　）。
   A. 掌握盈亏状况
   B. 准确掌握库存情况
   C. 整理库存环境
   D. 提高生产效率

2. 实地盘点依期限可分为（　　）。
   A. 定期盘点
   B. 不定期盘点
   C. 平日盘点
   D. 在制品盘点

3. 盘点的原则不包括（　　）。
   A. 真实原则
   B. 准确原则
   C. 完整原则
   D. 模糊原则

4. 盘点培训主要包括（　　）。
   A. 物料认知培训
   B. 盘点方法的培训
   C. 盘点时间培训
   D. 盘点工具培训

5. 盘点异常的原因有（　　）。
   A. 操作流程不够全面
   B. 对业务不够熟悉
   C. 审单不清
   D. 数据不准确

二、简答题

1. 简述定期盘点的含义。

2. 如何开展盘点工作?

3. 如何处理盘点差异?

 **技能训练**

近年来,物流体系逐渐朝着全面数智化发展,以人工智能、物联网、5G、机器人等为核心的前沿技术也为传统物流行业带来了变革。"2021 世界人工智能大会"在上海举行,会上由顺丰供应链与深圳优艾智合机器人科技有限公司(下称优艾智合)共同研发的仓储盘点解决方案正式面向中国市场推出。这一针对超大型高位货架仓库的开创性盘点解决方案,极大地改变了传统大型仓库的盘点管理模式,对数智化物流建设具有

里程碑式的意义。

中国物流行业虽起步较晚，但紧跟国民经济发展步伐，逐步实现跨越式发展，且近几年始终保持较快的增速，但也面临着建仓成本节节攀升的现实。未来的大型仓储发展方向是往"高"处走，而这就给仓库盘点带来了很多新难题。传统大型仓库盘点均依靠人工，不仅费时费力，还因效率低下而跟不上仓库内物料流转速度，造成库存数据滞后等管理混乱现象。

顺丰供应链与优艾智合共同研发的智能盘点解决方案，应用自主移动机器人及升降装置，能于 11.5 小时在近 3 万平方米的仓库内完成对高达 15 m 的货架物料的自主盘点。相关专家表示，这个智能盘点解决方案可以解决目前大仓盘点中面临的 70%～80%的痛点问题，如提高准确率、提高效率和保证安全性等。应用该盘点解决方案后，不仅能大幅降低安全事故的发生，还能使货物盘点准确率基本达到 100%，运营效率更是提高 5 倍多。

除此之外，大仓智能盘点移动机器人在仓储作业中可以不间断执行盘点任务，面向高位货架全盘扫描货物信息牌、货物名称、货物位置等信息并实时回传到仓库管理系统，自动生成仓库货物盘点报告，这极大地辅助了管理者科学规划库存。

目前，该智能盘点解决方案已在多个大型仓储项目内实现了盘点的智能化升级。在悉尼某大型试点仓库内，2.9 万平方米的仓储区由 50 个 7 层料架组成，以往由人工完成该仓储区的盘点需 80 小时，而运用该智能盘点解决方案后仅需 11.5 小时，盘点效率是人工的 695%。

【思考】（1）大型仓储往"高"处发展，给仓库盘点工作带来了哪些困难？

（2）大仓智能盘点移动机器人有哪些优势？应用前景如何？

（3）现代化的智能盘点需要仓储从业人员具备哪些能力？

06 模块六
库内商品养护与防护

【学习目标】

知识目标
- 了解商品质量变化的类型
- 知道影响商品质量变化的因素
- 掌握仓库商品防潮处理的方法
- 掌握仓库商品防霉处理的方法
- 掌握仓库商品防虫及防鼠处理的方法

能力目标
- 具有分析影响库存商品质量变化的因素的能力
- 具有对仓库商品进行防潮处理的能力
- 具有对仓库商品进行防霉处理的能力
- 具有对仓库商品进行防虫及防鼠处理的能力

素质目标
- 具有诚实守信、实事求是、求真务实的职业素养
- 在工作中具有安全意识

【案例导入】

家具电商仓储中心如何应对梅雨季

某电商企业主要经营家居用品，在多个城市均设有仓储中心。为了确保货物品质和客户满意度，该企业对仓储养护非常重视，制定了一系列严格的管理措施。

在某年的梅雨季节，该企业位于某市的仓储中心出现了大规模的潮湿问题。由于长时间下雨，仓库外场地无法正常通风晾晒，导致存放的家居用品受潮严重。受潮的货物容易滋生霉菌，影响品质和客户满意度。

【思考】该电商企业在仓储养护方面存在哪些成功之处？如果你是该电商企业仓储主管，你可以从哪些方面进行改进？

单元一　商品养护及商品质量变化

商品从工厂生产出来到用户使用，中间要经过运输、装卸、搬运、仓储、分发等环

节。在这个物流活动过程中，商品会受到各种环境因素、人为因素、时间因素的影响，企业只有对其进行合理养护，才能保持其使用价值。因此，商品养护是物流的一项重要工作，也是仓储作业的一项重要内容。

一、商品养护的概念

在商品储存过程中，对其所进行的保养和维护工作，称为商品养护。商品养护是一项具备综合性、科学性的技术工作。在商品从生产部门进入流通领域后，企业需要针对不同性质的商品，在不同的储存条件下采取不同的技术措施，以防止其质量劣化。

二、商品养护的目的与基本任务

商品在储运过程中，由于自身的物理、化学等性质的变化，以及受各种外界因素的影响，会在质量和数量上受到损失。因此，企业需要在储运过程中对商品进行养护，以维护其质量，保证商品流通的顺利。

（一）商品养护的目的

商品养护的目的是认识商品在储存期间发生质量劣化的内外因素和变化规律，研究并采取相应的控制技术，以保持其使用价值不变，保障企业经济效益的实现。同时，商品养护人员还要研究确定商品的安全储存期限和合理的损耗率，以提升企业的管理水平。

（二）商品养护的基本任务

商品养护的基本任务就是面向库存商品，根据库存数量的多少、发生质量变化的速度、危害程度、季节变化，按轻重缓急分别研究制定相应的技术措施，使商品的质量不变，以最大限度地避免和减少商品损失和保管损耗。

三、商品质量变化类型

微课 6-1

商品质量变化之
物理变化

商品在物流过程中，由于本身的成分、结构和性质的特点，以及受到外界因素的影响，会发生各种各样的质量变化，主要有物理变化、化学变化和生理生化变化等。

（一）物理变化

物理变化是指商品受到外界的干、湿、热、光等因素的影响，仅改变其外部形态（如气体、液体、固体之间发生的变化），不改变其本质，在变化过程中没有新物质生成，并且可以反复进行变化的现象，如沾污、挥发、溶化、熔化、串味、沉淀、破碎、变形等。很多商品发生物理变化后，不是数量减少就是质量降低，甚至有的完全失去使用价值。

1. 吸湿

吸湿即商品吸收水分。吸湿性的强弱及吸湿速度的快慢会直接影响商品的含水量，对商品质量的影响极大。吸湿性常用吸湿率（又称回潮率）或含水率表示。在一定温度和相对湿度的条件下，商品含水量占商品干燥质量的百分比，称为商品吸湿率；商品含水量占商品质量（包括商品含水量）的百分比，称为商品含水率。两者的计算公式为：

$$商品吸湿率=商品含水量÷（商品质量-商品含水量）×100\%$$
$$商品含水率=商品含水量÷商品质量×100\%$$

在商品的储运过程中，如果商品含水量过多，超过商品的安全水分标准，商品便会出现潮解、溶化、分解、生霉等变质现象；如果商品含水量过少，商品便会发脆、开裂等。

2. 挥发

挥发是指液态或固态物质转变为气态的现象。

商品挥发速度的快慢与气温的高低、空气流动速度的快慢、液体表面接触空气面积的大小有一定的关系。液态商品挥发会减少商品中的有效成分，增加商品的损耗，降低商品的质量，有些燃点很低的商品在挥发后容易燃烧或爆炸；有些商品会挥发出有毒或有害的气体，容易造成大气污染，也会对人体造成一定的危害；受到气温升高的影响，一些商品包装内部压力增大，商品可能发生爆炸。因此，在存储此类商品时，需要特别注意商品自身可能发生的变化，做好商品储存安全措施。

常见的易挥发的商品有酒精、白酒、香精、花露水、香水、部分化学农药、油漆等。

3. 热变

热变是指低熔点的物质在温度超过一定范围后发生形态变化的现象，如熔化、软化、变形、粘连等。物质熔化除受气温的影响外，还与物质的熔点、物质中所含杂质的种类及含量有密切的关系。一般来说，物质熔点越低，越容易熔化。

热变会造成商品流失、粘连包装、沾污其他商品等，从而给商品储存工作带来一些麻烦，同时也会导致一定的经济损失。因此，在存储过程中，需要对易热变的商品进行分区或独立管理。

常见的比较容易发生热变的商品有蜡烛、油膏、糖衣药片、松香等。

4. 串味

串味是指一些吸附性强的物质与其他有强烈气味的物质同时储存时，吸收了其他物质的气味。常见的吸附性强的商品有大米、黄豆、茶叶、饼干、卷烟、面粉等，常见的具有强烈气味的商品有煤油、汽油、腌制品、樟脑、肥皂、农药等。因此，在商品储存过程中，一定要避免将容易相互串味的商品混装。

5. 机械变化

机械变化是指物质在外力作用下发生的形态、结构上的变化。商品的机械变化程度取决于商品的质量、形态与包装强度。

抗压强度是常用的机械性能指标，也称抗压性，是指物质在单位面积上所能承受的极限压力。商品的堆码高度与其抗压性有关韧性也是常用的机械性能指标，即物质抵抗冲击力的能力。商品缺乏韧性，则富有脆性，富有脆性的商品或包装不耐受外界的冲击力。在储运过程中，商品震动、翻倒、跌落等现象是不可避免的。因此，商品及其包装要具有抵抗储运和装卸搬运过程中正常冲击的能力，以防止因外力作用而破损。

在储运过程中，商品发生机械变化的形式主要有破碎、变形、渗漏、结块等。

（1）破碎。破碎是指物质在外力的作用下发生形态上的改变。

商品若本身质脆或包装强度比较弱，在受到较小的外力作用后，便会发生破碎、脱散、划伤等外部形态上的改变。

在储运中，易碎商品除了要求包装牢固、加填适当材料进行缓冲和在外包装上标明包装储运图示标志外，还应在搬运过程中轻拿轻放、稳吊稳铲，避免摔、抛、滑、滚等野蛮操作。码垛不宜过高，重货不应堆放在上面，注意加固绑扎，以防止商品倒塌。

玻璃、陶瓷等商品容易因包装不良或在装卸搬运过程中受到碰、撞、挤、压和抛掷而破碎。

（2）变形。变形通常是指可塑性较强的物质发生的变化。所谓可塑性，是指物质受外力作用后发生变形，而当移去外力后，不能完全恢复原状的性质。这类物质虽然不易破裂，但受到超过自身所能承受的压力时就会变形，从而影响质量。

在储存和运输过程中，堆装易变形的商品时须注意堆形平整，不宜堆得过高，尤其是不应在上面装重货。装卸搬运易变形的商品时，要避免摔、抛、撞击，开展机械作业时要稳铲、稳吊、稳放，防止商品受外力作用而变形。

塑料、铝制品等受到强烈的外力撞击或长期重压后，会丧失回弹性能，从而发生形态改变。有一定热变性的橡胶、塑料制品在高温条件下受重压、久压，也会发生变形。

（3）渗漏。渗漏主要针对液态物质，特别是易挥发的液态物质。由于容器不严密，包装质量不符合商品性能的要求，封口不严，灌装不符合要求，在搬运时遭受撞击、跌落或受高温作用，商品都易发生渗漏现象。

商品渗漏与包装材料性能、包装容器结构及包装技术优劣有关，还与仓储温度变化有关。例如，金属包装焊接不严，受潮后易锈蚀；有些包装耐腐蚀性差；有些液体商品因气温升高而体积膨胀，使包装内部压力增大，包装容易胀破；有些液体商品在严寒季节结冰，也会发生因体积膨胀而引起包装破裂的现象。因此，针对液体商品，应加强入库验收和在库商品检查及温湿度控制与管理。

（4）结块。由于装载时堆码过高或受重货所压，以及在水湿、干燥、高温、冷冻等因素的影响下，某些商品容易结块，如水泥、食糖、化肥、矿粉等。

（二）化学变化

微课 6-2

商品质量变化之化学变化

化学变化是指商品在光、氧、水、酸、碱等的作用下，发生改变物质本身化学性质的变化。物质发生化学变化后，不仅外部形态改变了，本质也改变了，同时还会生成新物质，且不能恢复原状。

在运输中，商品发生了化学变化，意味着商品发生了质变。化学变化轻则使商品失去使用价值，重则殃及其他商品，导致严重事故。

商品发生化学变化的形式主要有氧化、分解、水解、化合、腐蚀、燃烧、老化、爆炸等。

1. 氧化

氧化是指物质与空气中的氧或放出氧的物质所发生的化学变化。氧非常活泼，易与物质发生氧化反应，致使物质变质，有的氧化过程还会产生热量，甚至会引发爆炸。易氧化的商品比较多，如金属类、油脂类商品，以及化工原料、纤维制品等。棉、麻、丝、毛等织品长期同日光接触发生变色的现象，是织品中的纤维被氧化的结果。

2. 分解

分解是指某些性质不稳定的物质，在光、电、热、酸、碱及潮湿空气的作用下，由一种物质生成两种或两种以上物质的现象，如溴化银在光的作用下分解为银和溴气。物质分解后，不仅数量减少、质量降低，有的还会在反应过程中产生一定的热量和可燃气体，进而引发安全事故。

3. 水解

水解是指某些物质在一定的条件下遇水分解的现象。物质水解后会产生其他的物质，如硅酸盐和肥皂水解后的产物是酸和碱。物质种类不同，在酸和碱的作用下所发生的水解情况也不同，如蛋白质在碱性溶液中容易水解，但在酸性溶液中比较稳定。

4. 化合

化合是指在外界条件的影响下，两种或两种以上的物质相互作用并生成一种新物质的现象。此种现象一般不是单独出现，而是两种现象（分解、化合）依次出现。如果不了解这种现象，在储存容易发生化合反应的商品时就容易造成损失。

5. 腐蚀

腐蚀是指某些物质具有的能对其他物质产生破坏作用的性质。例如，盐酸能使钢铁制品遭到破坏。

金属的锈蚀是由于金属制品在潮湿的空气及酸、碱、盐等的作用下被腐蚀。锈蚀与金属制品所处环境的温度和湿度都有密切的关系，如钢铁处于潮湿的环境时，温度愈高，锈蚀愈快、愈严重。

6. 燃烧

燃烧是指物质相互化合而产生光和热的现象，一般指物质与氧的激烈化合。

物质燃烧或维持燃烧，必须同时具备可燃物、助燃物（氧或氧化剂）、着火点，三者缺一不可。气体燃料能直接燃烧并产生火焰，液体和固体燃料通常先受热变成气体后，才能燃烧并产生火焰。

7. 老化

老化是指某些以高分子聚合物为主要成分的物品，如橡胶、塑料制品及合成纤维制品等，受光、热、氧等因素的影响而发生的发黏、龟裂、强度降低以致发脆变质的现象。

8. 爆炸

爆炸是指物质因非常迅速的化学（或物理）变化而使内部压力急剧上升的一种现象。爆炸分为化学性爆炸和物理性爆炸。化学性爆炸是指物质受外因的作用，产生化学反应而发生的爆炸。化学性爆炸的主要特点是反应速度极快，放出大量的热和气体，产生冲击破坏力。化学性爆炸和燃烧的主要区别在于反应速度，化学性爆炸一般伴随燃烧而发生，如黑火药等爆炸品发生爆炸。物理性爆炸是指商品包装容器内部气压超过容器的承受强度而发生的爆炸，如氧气瓶的爆炸。因此，在对此类商品进行运输和储存的时候要考虑其特性，避免爆炸事故发生。

（三）生理生化变化

微课 6-3

商品质量变化之
生理生化变化

商品的生物性质是指有生命的有机体及寄附在其上的生物体，在外界各种条件的影响下，为了维持其生命而发生生物变化的性质。在商品的储运过程中，商品发生生理生化变化是指有机体商品在生长发育过程中，为了维持其生命活动，自身发生一系列特有的变化。例如，呼吸、后熟、发芽、胚胎发育等现象都属于生理生化变化。生物变化会使有机体商品消耗大量的营养物质，使商品发热增湿，从而造成微生物的繁殖，以致污染、分解商品，加速商品的霉腐变质。

1. 酶的作用

酶又称酵素，是一种生物催化剂。一切生物体内的物质分解与合成都要靠酶的催化来完成，它是生物进行新陈代谢的内在基础。例如粮谷的呼吸、后熟、发芽、发酵、陈化等都是酶作用的结果。

2. 呼吸

呼吸是指有机体商品在生命活动过程中，为获取热能以维持生命力而产生的新陈代谢现象。呼吸可分为有氧呼吸和无氧呼吸。旺盛的有氧呼吸可造成有机体中的营养成分大量消耗并产生自热、散湿现象，而严重的无氧呼吸所产生的酒精积累过多，会引起有机体内的细胞中毒死亡。影响呼吸强度的因素有含水量、温度、氧的浓度等。因此，在运输、储存有机体商品的过程中，应合理通风并尽量控制有关因素，防止无氧呼吸的发生，控制有氧呼吸的强度，以确保商品的安全。

3. 发芽

发芽是指有机体商品在适宜的条件下冲破"休眠"状态并开始生长的现象，如图 6.1 所示。发芽会使有机体商品的营养物质转化为可溶性物质，以满足有机体本身的需要，从而降低有机体商品的质量。有机体商品在发芽过程中，通常伴随发热、生霉等情况，这不仅增加商品损耗，而且降低商品质量。因此，对于能够发芽的商品，必须控制好它们所吸收的水分，并加强温湿度管理。

图 6.1　种子发芽的过程

4．后熟

后熟是指瓜果、蔬菜等食品在脱离母株后继续其成熟过程的现象。瓜果、蔬菜等的后熟能改进其色、香、味及硬脆度等食用性能。但当后熟完成后，这类食品很容易腐烂变质，难以继续储藏，甚至失去食用价值。因此，对于这类食品，应在其成熟之前采收并采取控制储藏条件的办法调节其后熟过程，以达到延长储藏期和均衡上市的目的。

5．胚胎发育

胚胎发育主要是指鲜蛋（受精蛋）的胚胎发育。在鲜蛋的保管过程中，当温度和供氧条件适宜时，鲜蛋会发育成血丝蛋、血环蛋。经过胚胎发育的鲜蛋的新鲜度和食用价值大大降低。

6．微生物作用

微生物是指借助显微镜才能看见其形态的生物。微生物作用是依据外界环境条件，吸取营养物质，经细胞内的生物化学变化，进行生长、发育、繁殖的生理活动过程。有机体商品在微生物作用下，会产生霉变、腐烂、发酵、发热等现象。易受微生物作用的商品主要有肉类、蛋类、乳制品、水果、蔬菜等。

常见的易危害商品的微生物有细菌、霉菌和酵母菌等。微生物要在商品上生长、繁殖，除所需营养物质外，还要有适宜的温湿度等。一般来说，温暖潮湿的环境最适宜微生物生长、繁殖，所以控制商品的含水量和环境的温湿度是防止微生物危害的主要措施。

7．虫害

虫害对有机体商品的危害很大，害虫不仅蛀食商品，破坏货物的组织结构，造成货物破碎、发热和霉变等，而且其分泌物会污染商品，影响商品卫生，降低商品质量，甚至使商品丧失使用价值。例如粮谷害虫能使粮谷陈化、发热和霉变等，老鼠、白蚁等会咬坏商品的包装、蛀蚀仓库建筑物和传染疾病等。

虫害的产生一般与环境的温湿度、氧气浓度及商品的含水量有关，尤其与环境的温湿度有关。为防止虫害，应控制有关因素并做好防感染工作。在储运过程中，易受虫害的商品主要有粮谷类、干果类、毛皮制品等。

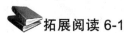 **拓展阅读 6-1**

保管人的权利与义务

1．保管人的权利

（1）若存货人违反关于储存易燃、易爆、有毒、有腐蚀性、有放射性等危险品的规定，保管人可以拒收仓储物，也可以采取相应措施，以避免损失的发生，由此产生的费用由存货人承担。

（2）储存期满，存货人或仓单持有人不提取仓储物的，保管人可以催告其在合理期限内提存，逾期不提取的，保管人可以提存该仓储物。

（3）因仓储物包装不符合约定或者超过有效储存期造成仓储物变质、损坏的，保管人不承担责任。

2. 保管人的义务

（1）存货人交付仓储物，保管人应当给付仓单。

（2）保管人应当在仓单上签字或者盖章。仓单包括下列事项：

① 存货人的姓名和住所；

② 仓储物的品种、数量、质量、包装和标记；

③ 仓储物的损耗标准；

④ 储存场所；

⑤ 储存期；

⑥ 仓储费；

⑦ 仓储物的保险金额、保险期及保险公司的名称；

⑧ 填发人、填发地和填发日期。

（3）保管人应当按照约定对入库仓储物进行验收。保管人在验收时若发现入库仓储物与约定不符合，应当及时通知存货人。保管人验收后，若发现仓储物的品种、数量、质量不符合约定，应当承担损害赔偿责任。

（4）保管人根据存货人或者仓单持有人的要求，应当同意其检查仓储物或者提取样品。

（5）保管人发现入库仓储物有变质或者其他损坏时，应当及时通知存货人或者仓单持有人。

（6）保管人发现入库仓储物有变质或其他损坏，并且会危及其他仓储物的安全和正常保管时，应当催告存货人或者仓单持有人做出必要的处置。若情况紧急，保管人可以做出必要的处置，但事后应将该情况及时通知存货人或者仓单持有人。

（7）储存期间，仓储物毁损、灭失的，保管人应当承担违约责任。

 **知识巩固**

一、不定项选择题

1. 下列属于生理生化变化的有（　　）。
   A．水解　　　　B．霉腐　　　　　　C．虫蛀　　　　D．呼吸

2. 物品在仓储过程中的变化形式有（　　）。
   A．物理变化　　B．化学变化　　　　C．生理生化变化　　D．色泽变化

3. 下列属于化学变化的有（　　）。
   A．氧化　　　　B．老化　　　　　　C．沉淀　　　　D．水解

4.（　　）是指某些物品在外界条件的影响下，能使同种分子互相加成而结合成一种更大分子的现象。
   A．聚合　　　　B．化合　　　　　　C．裂解　　　　D．分解

5. 在物品储存时，烧碱不能和皮革放在一起，因为烧碱具有（　　　）。

A. 燃烧性　　　　B. 爆炸性　　　　C. 毒性　　　　D. 腐蚀性

二、简答题

1. 商品质量变化有哪些类型？

2. 商品养护的基本任务是什么？

3. 请举例说明商品生理生化变化的类型。

4. 请列举商品可能出现的化学变化。

技能训练

小组作业——制作商品发生生理生化变化的案例分享视频

作业要求：

1. 4～5人自由分组，收集商品发生生理生化变化的案例，并制作视频。

2. 展示视频。

评分标准

序号	评分项	分值	得分
1	案例有3个以上	30	
2	视频整体制作精美，播放流畅	30	
3	视频配有文字解说	20	
4	团队分工明确	20	

111

单元二　商品储存环境控制与调节

影响仓库内商品质量的因素很多，主要有两个方面：一是商品内因，二是商品外因。商品质量变化过程中，起决定作用的是商品内因，如商品的形态、性质等；能够受仓储管理人员控制和调节的是商品外因，因此仓储管理中更侧重于对商品外因进行分析。

一、影响商品质量变化的内因

在商品储存过程中，仓储管理人员要充分考虑起决定作用的商品内因，如商品的化学成分、形态及性质等，最大限度地创造适宜的储存条件，减少或避免商品内因所造成的商品质量变化。

（一）化学成分

商品的种类很多，按化学成分可把商品分为有机成分的商品和无机成分的商品。

微课6-4

影响商品质量
变化的内因

一般来说，无机成分的商品更好保管，有机成分的商品则容易发生质量变化且不容易保管。不同的化学成分及其不同的含量，既会影响商品的基本性质，又会影响商品抵抗外界自然因素侵蚀的能力。例如，在普通低碳钢中加入少量的铜和磷，就能有效增强其抗腐蚀性。

（二）形态

不同种类的商品有不同的形态，商品的形态主要分为固体、液体和气体。不同形态的商品会产生不同形式和不同程度的变化。

由于商品的形态多种多样，因此仓储管理人员在包装商品时要根据待包装商品的形态将其合理放置在包装容器内，以提高包装容器的利用率。在保管商品的过程中，仓储管理人员应根据其形态结构，合理安排仓容，科学进行堆码，以保证商品的完好。

（三）性质

商品的性质是由商品的化学成分和结构所决定的。商品本身的理化性质是商品重要的自然属性，是商品在库期间发生质量或数量变化的内在因素。商品的成分、结构极其复杂，性质也就各不相同，但归纳起来可分为物理性质、机械性质和化学性质。

1. 物理性质

商品的物理性质是指商品在光线、温度、湿度等的作用下，发生不改变商品本质的变化的性质，如商品的吸湿性、导热性、耐热性、透气性与透水性等。

2. 机械性质

商品的机械性质是指商品的形态、结构在外力作用下的反应。商品的这种性质与其质量的关系极为密切，能体现商品的实用性、坚固耐久性，包括商品的弹性、可塑性等。商品的机械性质对商品的外形及结构变化有很大的影响。

3. 化学性质

商品的化学性质是指商品在光、热、氧、酸、碱、温度、湿度等的作用下，发生改变商品本质的变化的性质。与商品储存紧密相关的商品的化学性质包括商品的化学稳定性、毒性、腐蚀性、爆炸性等。

总之，导致商品质量发生变化的内在因素很多，这些因素是相互联系、相互影响的统一体，不能孤立对待。

二、影响商品质量变化的外因

微课6-5

影响商品质量
变化的外因

商品储存期间的质量变化，主要是商品内部运动的结果，但也与外在因素有密切关系。外在因素对储存期间的商品质量有重大影响，甚至有的还起决定性作用。因此，仓储管理人员必须采取有效措施，防止有害因素的影响，保证商品的储存安全。影响商品质量变化的外在因素包括氧气、太阳辐射、空气温度、空气湿度、微生物、仓虫、卫生条件等。

1. 氧气

一些具有生命的有机体商品，如粮食、果蔬、鲜蛋等，需要氧气进行有氧呼吸。商品的霉变、锈蚀、燃烧、爆炸，高分子材料的老化，以及含有不饱和成分的油脂的氧化、酸败现象，一般都需要氧气参与反应。

为了避免氧气对商品质量造成的影响，在商品保管中，隔绝氧气是保养好商品的有效方法，如采取密封、充氮气或二氧化碳气体等。

2. 太阳辐射

太阳辐射是地球表层能量的主要来源。日光与地平面的夹角称为太阳高度角，它有日变化和年变化。太阳高度角大，则太阳辐射强。太阳辐射随纬度升高而减弱，随高度的升高而增强，在一天的中午前后最强，夜间最弱，在一年的夏季最强，冬季最弱。

3. 空气温度

空气温度是表示空气冷热程度的物理量，是影响商品质量变化的重要因素。一般情况下，商品在常温或常温以下，质量都比较稳定。高温能使商品发生各种物理变化及化学变化；而低温又容易引起某些商品的冻结、沉淀等；温度忽高忽低，会影响商品质量的稳定性。此外，温度适宜会给微生物和害虫的生长、繁殖创造有利条件，从而加速商品的腐烂变质和虫蛀。

因此，在商品保管中，仓储管理人员一方面要防止温度过高，以免某些商品熔化、挥发及某些危险品自燃、爆炸；另一方面也要防止温度过低，以免某些液体商品冻结、沉淀。此外，还要防止温差过大，以免某些商品发生干缩、结晶、熔化或凝结等现象。

4. 空气湿度

空气的干湿程度称为空气湿度。空气湿度的改变能使商品的含水量、化学成分、形态或结构发生变化。空气湿度下降，将使商品因放出水分而降低含水量，减轻重量。例如，水果、蔬菜、肥皂等会发生蔫萎或干缩变形，纸张、皮革制品等失水过多会发生干裂或脆损。空气湿度增高，商品的含水量和重量相应增加，食糖、食盐、化肥、硝酸铵等易溶性商品会结块、膨胀或进一步溶化，钢铁制品会生锈，纺织品、竹木制品等会发生霉变或被虫蛀等。空气湿度适宜，可使商品保持正常的含水量、形态、结构和重量。

因此，在商品养护中，仓储管理人员必须掌握各种商品对空气湿度的要求，尽量创造适宜的空气湿度。

5. 微生物

商品储存环境中主要的危害性生物是微生物和仓虫。微生物广泛存在于空气中，常见的易危害商品的微生物有细菌、酵母菌和霉菌等，一旦遇到适宜的环境，它们便能迅速生长、繁殖。在高温、低温、高盐、高碱及高辐射等普通生命体不能生存的环境中，依然存在一部分微生物。

微生物会在生命活动过程中分泌出一种酶，并利用它把有机体商品中的蛋白质、糖类、脂肪、有机酸等物质分解为简单的物质，加以吸收利用，从而使商品变质，丧失使用价值。同时，微生物在异化作用中，会在细胞内分解氧化营养物质，产生各种腐败性物质并将其排出体外，从而使商品产生腐臭味和色斑霉点。例如，皮革、纤维、橡胶、木材等制品会因受到霉菌的侵蚀而发生霉变；细菌会引起食物腐败变质。微生物的活动需要一定的温度和湿度。没有水分，它们是无法生活下去的；没有适宜的温度，它们也不能生长、繁殖。

6. 仓虫

仓虫在仓库里蛀食动植物性商品及其包装，有些仓虫还能危害塑料、化纤等化工合成商品。此外，白蚁还会蛀蚀仓库建筑物和纤维制品。仓虫在危害商品的过程中，不仅破坏商品的组织结构，使商品发生破碎和产生孔洞、外观形态受损，而且在生活过程中会因吐丝结茧、排泄各种代谢废物而沾污商品，影响商品的质量和外观。因此，在商品保管中，仓储管理人员应根据商品的含水量，采取不同的措施，防止仓虫的生长、繁殖，以利于商品的储存。

7. 卫生条件

保持商品本身和仓库的清洁卫生，也是保证商品免于腐败变质的重要条件之一。卫生条件不良，不仅会使灰尘、油垢、臭气等污染商品，造成某些外观疵点和使商品感染异味，而且会为微生物、仓虫等创造活动场所，引起商品的霉变。因此，仓储管理人员一定要做好储存环境和运输工具的清洁卫生工作，保持商品本身的卫生。

三、仓库温湿度变化对商品质量的影响

在商品储存过程中，能引起商品质量变化的外在因素有很多，其中最重要的是仓库的温湿度。商品在储存期间发生的霉变、锈蚀、虫蛀、熔化、挥发、老化等，都与仓库的温湿度密切相关。商品在储存期间，需要适宜的温湿度，才能保证质量的稳定。因此，仓储管理人员不仅要熟悉在库商品的特性，还必须掌握自然气候的变化规律及其对仓库温湿度的影响，以便适当地控制仓库的温湿度，改善商品的储存环境，确保在库商品的质量安全。

（一）商品的安全温度

商品的安全温度并非商品本身的温度，而是指储存环境的适宜温度。在实际工作中，仓储管理人员要根据环境湿度、大气成分、仓储条件等进行综合考虑。储存部分商品的适宜温湿度如表 6.1 所示。

表 6.1　储存部分商品的适宜温湿度

商品	温度/℃	相对湿度/%	商品	温度/℃	相对湿度/%
白酒	5～30	<75	鱼肉罐头	−5～25	<75
果酒	−5～30	<75	青菜罐头	0～25	<75
黄酒	−5～30	<75	糖水罐头	−5～15	<75

商品	温度/℃	相对湿度/%	商品	温度/℃	相对湿度/%
卷烟	≤25	55～70	炼乳罐头	-5～15	<75
食糖	≤30	<70	竹木制品	<30	60～75
棉织品	<35	<75	金属制品	<35	<75
毛织品	<30	<75	纸制品	<35	<75
丝织品	<35	<75	糨糊	0～25	65～80
麻织品	<35	<75	墨汁	0～25	65～80
涤纶织品	<35	<80	修正液	<20	70～80
锦纶织品	<35	<80	干电池	-10～25	<75
腈纶织品	<35	<80	打火机	<35	<75
氯纶织品	<35	<80	鞋油	<25	70～85
毛皮制品	<30	<75	肥皂	-5～30	60～80
皮革制品	<30	<75	洗衣粉	<35	<75
乳胶制品	-10～25	<80	牙膏	<25	<80
橡胶制品	<25	<80	玻璃制品	<35	<80
人造革制品	-10～25	<75	搪瓷制品	<35	<80

备注：表中所列数据仅供参考。

（二）商品的安全湿度

目前，用于测量仓库温湿度的工具有专门的温湿度表，如图 6.2 所示。湿度可分为绝对湿度、饱和湿度、相对湿度、露点等。

图 6.2　温湿度表

1. 绝对湿度

绝对湿度是指单位体积的空气中实际所含的水汽量。因为直接测定水汽密度比较困难，所以通常用空气里水汽的压力表示空气的绝对湿度。

温度对绝对湿度有直接影响。温度越高，水分蒸发越多，绝对湿度越高；反之，温度越低，水分蒸发越少，绝对湿度越低。

2. 饱和湿度

饱和湿度是表示在一定的温度下，每立方米的空气中所能容纳水汽量的最大限度。

空气中虽然经常含有水蒸气，但不能无限制地容纳水蒸气。在一定的温度下，一定体积的空气中所能容纳的水汽量是有限度的。如果空气中的水汽量未达到这个限度，这时的空气叫作未饱和空气；如果空气中的水汽量达到这个限度，这时的空气叫作饱和空气；如果空气中的水汽量超过这个限度，多余的水汽就会凝结，变成液体从空气中析出。

饱和湿度随着温度的变化而变化。温度越高，空气中所能容纳的水汽量就越多，饱和湿度就越高；反之，温度越低，饱和湿度就越低。

3. 相对湿度

相对湿度是指在某一温度下，空气的绝对湿度占饱和湿度的百分比。

在温度不变的情况下，绝对湿度越高，相对湿度就越高；绝对湿度越低，相对湿度就越低。在空气中绝对湿度不变的情况下，温度越高，相对湿度就越低；温度越低，相对湿度就越高。

4. 露点

空气里的水汽通常是未饱和的，饱和气压会随着温度的降低而减小，未饱和气压就相当于一个较低温度下的饱和气压。这样，如果保持空气中水汽的密度不变（即绝对湿度不变），而逐渐降低温度，那么当温度降低到一定程度时，空气中的水汽就达到与这个温度相应的饱和状态，水汽就会凝聚成细小的露滴，这时的温度就叫作露点温度，简称露点。

温度继续下降到露点以下，空气中超饱和的水蒸气，就会在商品或其包装物表面凝结成水滴，此现象称为"水凇"，俗称商品"出汗"。

气温和露点的差值越小，表示空气越接近饱和空气。气温和露点接近，此时的相对湿度高，人们感觉气候潮湿；气温和露点差值大，此时的相对湿度低，人们感觉气候干燥。人体感到舒适的相对湿度是 60%～70%。

知识巩固

一、不定项选择题

1. 相对湿度是指在某温度下，绝对湿度占（　　　）的百分比。

　　A. 绝对湿度　　B. 临界湿度　　　C. 饱和湿度　　　　D. 露点

2. (　　) 是指保持空气中的水汽含量不变而使其冷却，直至水汽达到饱和状态而将结出露水时的温度。

　　A. 饱和湿度　　B. 相对湿度　　　　C. 绝对湿度　　　D. 露点

3. 湿度是表示空气干湿程度的物理量，可分为 (　　)。

　　A. 绝对湿度　　B. 饱和湿度　　　　C. 临界湿度　　　D. 相对湿度

4. 商品在库期间发生质量或数量变化的内因主要有 (　　)。

　　A. 物理性质　　B. 机械性质　　　　C. 化学性质　　　D. 生理性质

二、简答题

1. 简述相对温度和绝对温度的区别。

2. 简述仓库温湿度变化对商品质量的影响。

3. 简述影响商品质量变化的外因。

4. 举例说明影响商品质量变化的内因。

技能训练

小组作业——撰写速冻食品对储存环境要求的调研报告

　　随着生活水平的提高，现在超市里能买到的食品种类很多，如各种蔬菜、肉类。而随着科技的进步，方便人们生活的速冻食品也变得非常普遍，如速冻饺子、速冻汤圆。这些速冻食品食用方便，深受人们的喜爱。

作业要求：

1. 4~5 人自由分组，收集速冻食品对储存环境要求的资料。

2. 撰写一份调研报告发送给教师。

单元三　商品防护措施与方法

　　保证商品完好无缺是仓储管理人员应尽的义务。在整个储存商品的过程中，常见的防护措施是防潮、防霉、防虫、防鼠。只有正确掌握防潮、防霉、防虫、防鼠的方法，才能减少商品损耗，提高仓储满意度。

一、防潮

（一）引起潮湿的原因

　　仓库温湿度的变化对库存商品的安全有着重大的影响。为确保库存商品完好，防止库外气候对库存商品的不利影响，仓库温湿度应保持在

微课 6-6

防潮

一定范围内。温湿度管理是商品防护的重要日常工作，是维护商品质量的重要措施。仓储管理人员要做好仓库的温湿度管理工作，需要采取一定的措施，对不适合商品储存的温湿度要及时进行控制和调节，创造适合商品储存的环境。

✎ **课堂讨论**

2018 年 1 月，由于运输时间长、装卸次数多，商品容易遭受挤压变形、受潮折断等损害，由宁波保税区嘉里大通物流有限公司进口的 206 件纸尿裤因外包装破损而被销毁，涉及多个品牌，损失较大。对于宁波保税区嘉里大通物流有限公司的损失，可以采取哪些措施进行防范？

（二）防潮的措施

控制和调节仓库温湿度的方法有很多，实践证明，密封、通风、气幕隔湿等是控制与调节仓库温湿度行之有效的方法。

1. 密封

仓库密封就是利用防潮、绝热、不透气的材料把商品尽可能严密地封闭起来，以隔绝空气、减小空气温湿度对商品的影响，从而达到商品安全储存的目的。密封能使仓库温湿度处于稳定状态，如果和通风、吸湿等方法结合运用，可以取得防潮、防霉、防热、防熔化、防干裂、防冻、防锈蚀、防虫蛀等多方面的效果。

密封材料的选择标准通常为：导热系数小；气密性好；吸湿性差，具有一定的强度；重量较轻；无毒无味，不产生二次污染；不易燃烧；经济性好。目前，常用密封材料有防潮纸、油毡纸、塑料薄膜、纤维板、芦席、干草等。

密封的形式有整库密封、整垛密封、整柜密封、整件密封等，在仓库中主要采用前两种形式。

2. 通风

通风是指在库外温度和湿度较低的条件下，根据空气流通的规律，有计划、有目的地使仓库内外空气交换，以达到降温、减湿或升温、增温的目的。通风是调节库内温湿度、净化库内空气的简便易行的方法。

通风必须选择适宜的时机，才能取得预期的效果，如果通风时机不当，不但不能达到预期目的，很可能适得其反。通风时，仓储管理人员应按商品的性质及它们对温度、湿度的不同要求，结合库内外温度、湿度的对比情况，并参考风力、风向等因素，合理地选择通风时机，以维护商品的质量安全。

通风方式包括自然通风和机械通风。为提高工作效率，也可将自然通风和机械通风结合使用。

3. 气幕隔湿

气幕俗称"风帘"，是利用机械鼓风产生的强气流在库门口形成的一道气流帘子。其风速大于库内外空气的流速，可以阻止库内外空气的自然交换，从而防止热潮空气进入库内。

4. 吸湿、除湿

吸湿就是在储存环境密封的条件下，采用吸潮剂或机械设备减少空气中的水分，以降低库内相对湿度的措施。尤其是在梅雨季节或阴天，当库内湿度过大且不能通风散湿时，为保持库内干燥，可以放置吸湿剂吸湿。常用的吸湿剂有生石灰、氯化钙、氯化铝、硅胶、木炭等。在使用各种吸湿剂降低库内湿度时，仓库应尽可能严密封闭，否则会降低吸湿效果。

除湿是指利用物理或化学手段将空气中的水分除去，以降低空气湿度的一种方法。

 课堂讨论

你所处的地区一般采用哪些方法调节和控制仓库温湿度？

 **拓展阅读 6-2**

仓库防潮小妙招

在仓库内，我们可以用以下方式进行防潮。

（1）由于空气潮湿，仓库内商品表面湿润，因此我们应减少用湿抹布、湿拖把对仓库进行清洁，而应多用干抹布、干拖把。

（2）由于空气中的水汽碰到灰尘等微小颗粒物易凝结成水珠，因此我们应保持货物、地面的清洁，减少水珠的形成。

（3）我们应在库外进行湿度观测，当库内湿度高出库外湿度15%以上时，应及时打开通风窗、通风槽等进行通风，反之则必须紧闭仓库。

（4）生石灰是吸湿剂，1 kg 生石灰大约能吸附空气中 0.3 kg 水分。在阴雨天用布料或麻袋裹装生石灰后放置于库内各处，就能使库内空气保持干燥。

（5）对于小仓库，可开启强力风扇，加强库内空气对流，减少水珠凝结。

（6）不可用薄膜覆盖的方法防止水珠凝结，由于无法做到完全密封，薄膜下面依然会有大量水汽，这些水汽结成水珠后很难蒸发，商品便极易出现霉变。

（7）具有排气扇的仓库应保持排气扇开启。

（8）纸箱商品堆放不可过密，应尽可能松散，否则空气对流会严重受限，潮湿空气长时间聚集不散，极易导致商品霉变。

（9）对于箱装较重商品，应尽可能降低堆放高度，如果将其堆放得较高，外箱易受潮变软，承重力下降，极易使外箱拐角因重压而破裂。

（10）检查商品时应仔细检查商品外箱的封箱胶带，因为商品受潮后，封箱胶带上会凝结极细小的水珠，一旦发现这类现象，应采取相应的除湿措施。

（11）商品必须用地台板载放，不可直接置地堆放。对短时间无法获得地台板的仓库，必须定期对商品进行翻堆，这是因为与地面接触的商品会被地面水汽渗透，时间一长，商品外箱会严重霉烂。

二、防霉

霉腐是商品的主要质量变化形式之一，对商品质量的影响极大。商品霉腐后，会发生各种变化，轻则危害商品的外观及其物理性质、机械性质等，重则可使商品完全丧失使用价值。因此，掌握商品的霉腐规律，做好防治工作，是商品养护工作的一项重要内容。

（一）常见的易霉腐的商品

商品的霉腐是指在某些微生物的作用下，商品发霉、腐烂和发臭等质量变化的现象。微生物生长、繁殖所需要的营养物质有水、碳水化合物、蛋白质、脂肪、维生素等。常见的易霉腐的商品主要有以下几种。

1. 含蛋白质较多的商品

该类商品主要有丝制品、毛制品、皮革制品，以及各种鱼类、肉类、蛋类和乳制品等。

2. 含糖较多的商品

该类商品主要有干鲜果品、食糖、糖果、蜜饯、果酱、果汁、蜂蜜等食品，这类食品霉腐后会发酵变质。

3. 含纤维素较多的商品

该类商品主要有棉与棉制品、麻与麻制品、黏胶纤维、木竹和藤及其制品、纸与纸制品、部分橡胶、塑料和化学纤维制品等。

4. 以酒精为主要成分的商品

该类商品受微生物污染后会霉腐、发酵。酒的种类很多，容易遭到微生物危害的主要是低浓度的酒，如啤酒、果酒和黄酒等。

5. 含水量高的商品

该类商品主要包含水果、蔬菜等食品。

（二）霉腐的防治

霉腐的防治是指人为地制造微生物不易生长、繁殖的环境。因此，仓储管理人员在开展霉腐的防治工作时必须贯彻"以防为主，防治结合"的方针，根据微生物的生理特点采取最适宜的措施。

1. 加强库存商品管理

加强库存商品管理，尽量减少微生物对易霉腐的商品的污染，创造不利于微生物生长、繁殖的环境，是物流部门防霉腐的重要措施。例如，保持良好的环境卫生、做好商品的验收和检查工作、选择合适的库房、确保储存商品的安全水分、严格控制仓库的温湿度等。

2. 化学药剂防霉腐

化学药剂通常称为防霉腐剂，能杀灭和抑制霉菌，其机理主要是使菌体的蛋白质变性、沉淀、凝固，破坏菌体正常的新陈代谢，降低菌体细胞表面的张力，改变细胞膜的通透性，导致菌生细胞破裂或分解，从而抑制菌体的生长。有些商品可采用化学药剂防霉腐，生产人员在生产过程中把化学药剂加入商品中，或把化学药剂喷洒在商品和包装物上，或喷洒在仓库内，可达到防霉腐的目的。

3. 气调防霉腐

霉腐微生物与有机体商品的新陈代谢都离不开空气、水分、温度这 3 个因素，只要有效地控制其中一个因素，就能达到防止商品发生霉腐的目的。气调防霉腐的方法就是利用这样的原理，即在密封条件下改变空气的组成部分，降低氧气的浓度，抑制霉腐微生物的生命活动，从而达到防霉腐的目的。

4. 低温防霉腐

多数含水量大、易霉腐的有机体商品，如鲜肉、鲜鱼、水果、蔬菜等，要长期保管，多采用低温防霉腐的办法。这种方法就是通过降低商品本身及仓库内的温度，一方面抑制有机体商品的呼吸、氧化过程，使其分解受阻；另一方面抑制霉腐微生物的代谢与生长繁殖，从而达到防霉腐的目的。低温防霉腐所需的温度与时间，应根据具体商品而定，一般温度愈低，持续时间愈长，霉腐微生物的死亡率愈高。

5. 干燥防霉腐

干燥防霉腐是利用干燥措施降低商品的含水量，通过减少仓库环境中的水分和商品本身的水分，使商品的含水量在安全储运水分之下，从而抑制霉腐微生物的生命活动，使霉腐微生物得不到生长繁殖所需水分的方法。

典型的干燥防霉腐是指采用晒干或红外线干燥等方法对食品等进行干燥保藏。食品经干燥后，由于水分减少，酶的活性受到抑制，细胞原来所含的糖分、盐类、蛋白质等稀溶液浓度升高，渗透压增大，导致微生物细胞脱水，繁殖受阻，甚至死亡。这样，食品的储藏期就可以得到延长。食品经干燥脱水后，由于体积与重量减小，还有利于运输。

此外，在密封条件下，用生石灰、无水氯化钙、氢氧化钾或硅胶等作为吸湿剂，也能达到食品、药品等长期防霉腐的目的。

三、防虫

仓虫又叫储藏物害虫，包括一切危害仓储物品的害虫。库存商品常常受到仓虫的危害，仓虫不仅使商品本身受损，还会使商品包装、料架、苦垫及仓库建筑物遭到破坏，造成损失。仓虫种类繁多、食性广、危害性大。因此，了解仓虫的生活习性，掌握仓虫的防治方法，是商品养护工作的一项重要内容。

容易受虫蛀的商品主要是一些营养成分含量较高的动植物加工制品。

根据仓库虫害的特征，防治仓虫应遵循"以防为主，防治结合"的方针，采用符合仓库实际情况的、经济有效的综合防治，才能取得明显成效。在仓库中，一旦发现仓虫，应及时采取有效措施予以杀灭。杀灭仓虫可采用机械、物理和化学等方法。

仓虫的常用防治方法

不同仓库的害虫种类往往不同，但防治方法基本上大同小异，通常分为物理防治、化学防治和生物防治。物理防治主要靠出入库前的检查和清洁，同时还可以采用暴晒或冷冻等方式。化学防治主要依靠各类杀虫剂，由于仓虫有抗药性，所以不同的杀虫剂要轮换使用。而生物防治，就是通过饲养天敌除虫。

四、防鼠

在商品储存过程中，鼠类对商品的危害极为严重。鼠类具有食性杂、食量大、繁殖快和适应性强的特点，能啃咬商品的包装，其进食后的残渣和排泄的粪便会污染商品和储藏环境，产生异味，影响商品的卫生。同时，鼠类会传播多种疾病，危害人们的身体健康。因此，我们应做好防鼠工作。

防鼠主要采取切断鼠路、堵塞鼠洞、断绝水源和食源、减少隐蔽场所等方法。捕鼠一般是指采用有效器械诱捕鼠类，灭鼠主要是指使用化学毒药配制毒饵诱杀鼠类。防鼠一定要坚持防灭并举，综合采取货架卫生治理，使用防鼠建筑、药物毒杀、器械捕杀和生物灭鼠等方法。

知识巩固

一、不定项选择题

1. 由于介质不同，密封可以分为（　　　）。
   A. 大气密封　　B. 干燥空气密封　　C. 充氮密封　　D. 去氧密封

2. 通风方式包括（　　　）。
   A. 自然通风　　B. 主观通风　　C. 客观通风　　D. 机械通风

3. 下列属于常用的吸湿剂的是（　　　）。
   A. 生石灰　　B. 氯化钙　　C. 碳酸钙　　D. 氯化钾

4.（　　　）是利用通风机械所产生的压力或吸引力，使库内外空气形成压力差，从而强迫库内外空气发生循环、交换，达到通风的目的的方法。
   A. 风压通风　　B. 强迫通风　　C. 热压通风　　D. 自然通风

5.（　　　）是利用吸湿机械强迫空气通过吸湿剂进行吸湿的方法。
   A. 自然吸湿　　B. 强迫吸湿　　C. 动态吸湿　　D. 静态吸湿

二、简答题

1. 简述防霉的措施。

2. 简述防潮的方式。

3. 防鼠的必要性。

技能训练

小组作业——找寻防潮能手

　　仓库里放置了很多商品，这些商品一旦受潮便会受到损害，从而给公司造成损失，所以我们要做好仓库的防潮工作。请你整理防潮知识，并在小组内进行分享。

作业要求：

1. 4～5人自由分组，每人制作一份与防潮知识相关的 PPT。
2. 在小组内分享后，完善 PPT，并撰写一份实训报告。

07 模块七
库存控制管理

【学习目标】

知识目标
- 理解库存的基本含义及分类
- 掌握订货点的控制方法
- 掌握订购量的控制方法
- 掌握库存基准的制定
- 掌握 ABC 分类的具体步骤
- 掌握经济订货批量的计算方法

能力目标
- 能够正确分辨各类库存的差异
- 能够进行库存分析和编制库存计划
- 能够对库存进行 ABC 分类
- 能够进行经济订货批量的核算

素质目标
- 具有安全意识
- 具有严谨、胆大心细的工作态度
- 具有爱岗敬业、诚实守信的职业操守

【案例导入】

PP 公司的库存控制

PP 公司是一家中型的汽车部件生产商。多年来，很多客户向 PP 公司发出订单，他们订购的货物品种很多，尽管各品种订购批量比较小，但需求量比较稳定。PP 公司采用备货生产模式，以追求生产规模效益。为了保证生产的连续进行，生产经理的权力很大，采购经理、仓储经理都需向其汇报工作。

最近，PP 公司成功与几家新汽车制造商签订了几个大合同。新客户的订购批量都很大，由于技术变化较快，这些新客户希望 PP 公司采用快速送货模式。

为避免由于零部件质量不佳或供应商交货延迟而造成缺货的风险，PP 公司囤积大量原材料与零部件。所有库存采用再订货点控制模式。除非出现意外情况，再订货点通常保持不变。PP 公司根据经济订货批量决定向其供应商发出订购批量。为了满足新客户的大合同，PP 公司采用了双供应源策略，两个供应商按 40/60 的比例分配订单。

【思考】论述影响经济订货批量适用的因素，并讨论经济订货批量是否适用于 PP 公司的物料采购。

如何评价双供应源策略？

单元一　库存控制管理认知

一、库存的基本含义

库存是仓库中实际储存的货物，主要分为两类：一类是生产库存，即直接消耗物资的基层企业、事业单位的库存，它是为了保证企业、事业单位所消耗的物资能够不间断地供应而储存的；另一类是流通库存，包括生产企业的原材料或成品库存、生产主管部门的库存和各级物资主管部门的库存。此外，还有特殊形式的国家储备物资，它们主要是为了保证及时、齐备地将物资供应或销售给基层企业、事业单位。

二、库存的分类

库存是一项代价很高的投资，无论是生产企业还是物流企业，正确认识和建立一个有效的库存计划是很有必要的。由于生成原因的不同，库存可以分为以下类型。

（一）安全库存

安全库存是除了预计发出去的库存，还留在库里的适当库存。

安全库存主要由顾客服务水平决定。所谓顾客服务水平，是指对顾客需求的满足程度，其计算公式为：

$$顾客服务水平=年缺货次数÷年订货次数×100\%$$

顾客服务水平较高，说明缺货的情况较少，缺货成本较低，安全库存较大，库存持有成本上升；而顾客服务水平较低，说明缺货的情况较多，缺货成本较高，安全库存较小，库存持有成本下降。因此，我们必须综合考虑顾客服务水平、缺货成本和库存持有成本三者之间的关系，最后确定一个合理的安全库存。

微课 7-1

安全库存量

（二）最高库存

最高库存又称"最高储备定额"，是企业为控制库存量而规定的上限标准。最高储备日数及最高库存的计算公式为：

$$最高储备日数=供应间隔日数+整理准备日数+保险日数$$
$$最高库存=平均每日耗用量×最高储备日数$$

当库存量达到或超过此定额时，应暂停进货，超过部分即为超定额储备。

（三）最低库存

最低库存是为了保障在某一特定时期内满足生产所需，库存必须保持在一定水平的数量。最低库存的计算公式为：

$$最低库存=最低日生产量×最长交付天数+安全系数÷天数$$
$$最低库存=安全库存+采购提前期内的消耗量$$
$$最低库存=日销售量×到货天数+安全系数÷天数$$

（四）调节库存

调节库存是用于调节需求与供应的不均衡、生产速度与供应的不均衡及各个生产阶段产出的不均衡而设置的库存。

（五）周期库存

周期库存是补货过程中产生的库存。周期库存用来满足确定条件下的需求，其生成的前提是企业能够正确预测需求和补货时间。

（六）在途库存

在途库存是处于运输过程中的库存。在到达目的地之前，可以将在途库存看作周期库存的一部分。需要注意的是，在进行库存持有成本的计算时，应将在途库存看作运输出发地的库存。

微课 7-2
季节性库存

（七）季节性库存

季节性库存是生产季节开始之前累积的库存。设置季节性库存的目的在于保证稳定的劳动力和稳定的生产运转。一些商品具有明显的季节性消费特征，在某些季节，会供不应求；在其他季节，则会滞销，因此，企业需要在高峰期来临之前开始生产商品并保持一定量的库存。

课堂讨论

有的商品对季节性因素非常敏感，销量和库存量会随季节性因素而上升或者下降，如速干短裤和泳装。在北半球，这些商品的销量会从 6 月开始上升，7 月达到顶峰，9 月开始下降。在比较冷的季节，泳装的销量很少或几乎没有。

以自己的家乡为例，说一说哪些商品具有季节性。

（八）投资库存

企业持有投资库存不是为了满足目前的需求，而是出于其他原因，如预防价格上涨、物料短缺或挤购等。

（九）闲置库存

闲置库存是指在某些具体的时期内不存在需求的库存。这种库存可能在整个企业中或者在库存存储的地方已不再使用了，是最浪费成本的。

三、库存分析

库存分析是物流特定分析中的一个项目，集中于分析库存绩效和生产率。进行库存分析时，主要考虑有关的货物销售量和库存周转量等。具体来说，库存分析可以从以下几个方面进行。

（一）订货点的控制

由于生产或销售的原因，当库存量降低到某一预先设定的点时，企业即发出订货单（采购单或用工单）以补充库存。这种预先设定的点即为订货点。

微课 7-3

订货点

市场瞬息万变，订货点的控制较为复杂。例如，某种物料的库存量虽然降到订货点，但是企业可能在近段时间没有收到新的订单，所以近期没有新需求产生，可以暂时不用补充库存。因此，完全按照订货点订货，会造成较多的库存积压和资金占用。

（二）订购量的控制

订购量的大小既影响经济活动，又涉及成本和利润。订购量过多，会占用大量资金，影响资金周转，提高存储成本，导致商品存放时间过长、质量下降、损耗等；订购量过少，会增加订货和验收的费用，失去大批量订购能享受的折扣优惠，可能引起库存中断，导致客户不满。订购量的控制就是确定最适当的订购量，降低与订购和储存相关的成本，增加利润。订购量的确定，既关系到订购资金的使用和周转，也关系到仓库的占用。此外，订购量多了或少了，都将影响生产加工的正常进行，因此确定订购量具有非常重要的作用。

订购量的确定要考虑诸多因素。例如餐饮企业食品原材料订购量的确定，需要考虑菜肴成本、菜肴销售数量、仓储容量、安全存储量、现有存储量、最低送货量、包装方式等因素。只有全面地、系统地综合考虑各方面的因素，才能确定最合理的订购量。另外，订购量的确定，还需要考虑市场变化情况、原材料涨价的可能等。

（三）库存基准的制定

无论是库存不足还是库存过多，都是因为在订购、作业、保管等方面的疏忽而产生的。为了预防库存不足或库存过多，企业一般要先设定必要的库存基准，而维持这个库存基准就十分重要。库存基准有"最低库存量"及"最高库存量"两种。

微课 7-4

库存基准

要预防库存不足，库存量的最低标准就是"最低库存量"。同理，为了不让库存过多，必要的库存基准就是"最高库存量"。用这两个库存基准监控库存状况是很有必要的。

四、库存控制的意义与目的

（一）库存控制的意义

库存控制（Inventory Control），是对制造业或服务业生产、经营全过程的各种物品、产成品以及其他资源进行管理和控制，使其储备保持在经济合理的水平上。库存控制是仓储管理的一个重要组成部分。它是在满足顾客服务要求的前提下，通过对企业的库存水平进行控制，尽可能降低库存水平，提高物流系统的效率，以提高企业的市场竞争力。

库存控制具有以下几方面的意义。

（1）在保证企业生产、经营需求的前提下，使库存量保持在合理的水平上。

（2）掌握库存量动态，适时、适量提出订货，避免超储或缺货。

（3）减少库存空间占用，降低库存总费用。

（4）控制库存资金占用，加速资金周转。

（二）库存控制的目的

库存控制有两个关键考核指标——客户满意度和库存周转率，而提高库存周转率实际上直接提高了资金使用效率，有利于企业降低资金成本、增加销售额。

库存周转率是指在某一时间段内库存货物周转的次数，是反映库存周转快慢程度的指标。周转率越大，表明销售情况越好。在物料保质期及资金允许的条件下，可以适当增加其库存控制目标天数，以保证合理的库存；反之，则可以适当减少其库存控制目标天数。

五、牛鞭效应与库存控制目标

（一）牛鞭效应

微课 7-5

牛鞭效应

牛鞭效应是经济学上的一个术语，是指供应链上的一种需求信息变异放大的现象，需求信息从最终客户端向原始供应商端传递时，无法被有效共享，而是被扭曲和逐级放大，从而导致需求信息出现越来越大的波动，这种需求信息的扭曲放大作用在图形上就像一条甩起的牛鞭，因此该现象被形象地称为牛鞭效应。

牛鞭效应产生的原因在于，供应链中上下游企业间缺乏沟通和信任机制，于是消费者的需求信息不断被曲解、误传，最终到达原始供应商时已然失真。也就是说，当供应链上的生产者、经销商、物流供应商、货物销售中心等只从其相邻的企业那里获取信息来进行商业活动或供应决策时，需求信息就会被逐级放大，越往供应链的后端，这种放大效应越明显。

牛鞭效应是市场营销中普遍存在的高风险现象，是销售商与供应商在需求预测修正、订货批量决策、价格波动、库存责任失衡和应对环境变异等方面博弈的结果，增加了供应商的生产、供应、库存管理和市场营销的不稳定性。企业可以从 6 个方面规避或化解需求信息变异放大的影响：订货分级管理；加强入库管理，合理分配库存责任；缩短提前期，实行外包服务；规避短缺情况下的博弈行为；参考历史资料，适当减量修正，分批发送；缩短回款期限。

（二）库存控制目标

牛鞭效应带来的影响可以通过供应链内的信息共享和组织协调来减轻。上下游企业应相互信任，并做到共享非核心机密信息，通过信息流降低库存量；在理性预期上，多用历史数据分析，用数据说话，避免虚报增量信息；生产组织采用精益生产模式，达到经济批量，减少库存。具体来说，库存控制目标如下。

1. 在满足需求的前提下，降低库存水平

牛鞭效应始终存在，我们能做的是控制它，但不能完全消除它。供应链的放大效应实际上是供应链上下游的不信任造成的，源于信息不能充分共享。在满足客户需求的前提下，通过缩短生产周期和采购周期降低库存水平。

2. 提高客户服务质量

建立战略伙伴关系，建立相互信任，实现信息共享，使供应链上每个阶段的供应与需求都能很好地匹配，从而降低交易成本。例如，供应商如果信任零售商的订单和预测信息，就可以省去预测环节；同样，如果零售商信任供应商的供应质量，就可以减少收货时的计数和检查环节。一般来说，供应链上各阶段的信任关系的建立可以减少重复努力，提高服务质量，降低交易成本，从而减轻牛鞭效应。例如，沃尔玛和宝洁的战略伙伴关系使双方都获得了良好的效益并减轻了牛鞭效应。

六、编制库存计划

库存计划是指企业以物资储备定额为基础，为使生产过程不受干扰，以最低的物资储备费用保证生产活动正常进行，而合理确定物资储备数量的计划。

（一）编制库存计划的步骤

（1）了解生产计划和生产作业计划的任务及所需物资的种类、规格、数量、质量和时间等。

（2）整理物资供应计划和物资采购计划中所提供的数据。

（3）根据物资供应计划和物资采购计划确定仓库的数量、所需设施和人员等。

（4）规定物资的发放时间、数量和原则等。

（5）规定物资的保管方法及控制方法等。

（二）降低库存水平的策略

库存对一个企业具备两面性，企业若想更好地结合自身的特点，将库存控制在一个

较为均衡的水平，需要清楚地认识库存。衡量库存水平的指标有两种：绝对值和相对值。绝对值用处于库存状态的实际物料的数量表示，其单位为物料的实际单位（如个、件、米、吨等）。而相对值则用处于库存状态的实际物料的存储时间表示，其单位为时间单位（如天）。

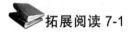**拓展阅读 7-1**

库存水平绝对值与相对值的比较

在对库存水平的绝对值和相对值进行比较时，如果企业的物料消耗水平和消耗规律相同，则无论对哪种指标进行比较都是一样的。但如果企业的物料消耗水平和消耗规律不同，则绝对值不具有可比性，而应该比较相对值，即对物料的存储时间进行比较。例如，两个企业都存储了 100 个单位的物料，一个企业每天消耗 10 个单位的物料，而另一个企业每天只消耗 2 个单位的物料。如果对绝对值进行比较，它们的库存水平是相同的，但如果对相对值进行比较，每天只消耗 2 个单位的物料的企业的库存水平为 50 天，而每天消耗 10 个单位的物料的企业的库存水平为 10 天，因此，每天消耗 10 个单位的物料的企业的库存水平显然比每天消耗 2 个单位的物料的企业的库存水平低。

具体来说，降低库存水平有以下策略。

1. 减少周转库存

此策略的基本做法是减小库存批量，同时采取一些具体措施，以降低订货成本或作业交换成本。此策略较为成功的是日本企业的"快速换模法"，即通过一人多机、成组技术和柔性制造技术，利用"相似性"增加生产批量、减少作业交换。此外，企业还可以通过采用通用零件减少周转库存。

2. 减少在途库存

影响在途库存的因素有需求和生产配送周期，由于企业难以控制需求，因此减少在途库存的基本策略是缩短生产配送周期。其具体措施为：一是标准品库存前置；二是选择更可靠的供应商和运输商，以尽量缩短不同存放地点之间的运输和存储时间；三是利用计算机信息管理系统减少信息传递上的延误。此外，企业还可以通过减小经济生产批量来减少在途库存。

3. 减少调节库存

减少调节库存的基本策略是尽量使生产速度与需求变化速度吻合。一种思路是尽力把需求的波动"拉平"，有针对性地开发新货物，使不同货物之间的需求"峰谷"错开，相互补偿；另一种思路是在需求淡季通过价格折扣等促销活动转移需求。

4. 减少安全库存

安全库存是一种额外持有的库存，它作为一种缓冲器，用来满足在订货提前期内实际需求量超过期望需求量，或提前期超过期望提前期所产生的需求，从而防止不确定因素（如不能按时到货、进货品质不符合要求或大量突发性订货等）对生产和销售造成影响。减少安全库存的具体策略是使订货时间尽量接近需求时间，使订货量尽量接近需求量，具体有以下4种措施。

（1）改善需求预测。需求预测越准，意外需求出现的可能性就越小，所以企业可以采取一些方法鼓励用户提前订货。

（2）缩短订货周期与生产周期。订货周期与生产周期越短，其间发生意外的可能性就越小。

（3）增加设备、人员的柔性。这可以通过生产运作能力的缓冲、培养多面手等方法来实现。这种措施更多用于非制造业，因为对于非制造业来说，服务无法预先储存。

（4）减少供应的不稳定性。实施该措施的途径之一是让供应商知道企业的生产计划，以便其及早做出安排；途径之二是改善现场管理，减少废品或返修品的数量，以解决因废品或返修品过多而造成的物料不能按时按量供应的问题；途径之三是加强设备的预防维修，以解决因设备故障而引发的供应中断或延迟问题。

 知识巩固

一、不定项选择题

1. （　　　）是指除了预计发出去的库存，还留在库里的适当库存。
   A. 最高库存　　B. 安全库存　　　　C. 最低库存　　　　D. 实际库存

2. 在生产季节开始之前累积的，其目的在于保证稳定的劳动力和稳定的生产运转的库存是（　　　）。
   A. 安全库存　　B. 季节性库存　　　C. 在途库存　　　　D. 调节库存

3. 由于生产或销售的原因，当库存量降低到某一预先设定的点时，企业即发出订货单（采购单或用工单）以补充库存，这一预先设定的点是（　　　）。
   A. 订货点　　　B. 订货周期　　　　C. 交货点　　　　　D. 缺货点

4. 降低库存水平的策略有（　　　）。
   A. 减少周转库存　　　　　　　　　B. 减少在途库存
   C. 减少安全库存　　　　　　　　　D. 减少调节库存

5. 下列属于减少安全库存的措施有（　　　）。
   A. 改善需求预测　　　　　　　　　B. 缩短订货周期与生产周期
   C. 增加设备、人员的柔性　　　　　D. 减少供应的不稳定性

二、简答题

1. 如何确定安全库存量？
2. 什么是最高库存量？如何有效地控制最高库存量？
3. 简述牛鞭效应的含义，并阐述牛鞭效应在现实生活中的意义。

围绕库存控制的影响、库存控制的方式及库存控制的现实意义等撰写一篇文章，题目自拟，论点明确，论据充分，字数不少于 1 000 字。

单元二　库存控制方法

在传统仓库管理理论中，"数量多"往往被看作企业发展良好的标志，但现代仓库管理理论则认为零库存是最好的库存管理状态。

为了更好地管理库存，实现安全库存量与成本之间的平衡，掌握有效的库存控制方法非常重要。库存控制方法有哪些？总体来看有以下 3 种。

一、ABC 分类法

ABC 分类法的基本思想源自意大利经济学家维尔弗雷多·帕累托发现的"80/20 法则"（也叫"二八定律"）。19 世纪末 20 世纪初，维尔弗雷多·帕累托在研究社会财富分布时发现，20%的人口掌握了 80%的社会财富，而余下 80%的人口只拥有 20%的财富。这种现象在其他领域也是普遍存在的，如大多数企业中 80%的销售额来自 20%的大客户，20%的货物或者服务创造了企业 80%的利润。

由此看出，ABC 分类法的理论基础是"重要的少数和次要的多数"。因此，对企业进行库存管理时，不能一视同仁，应分清主次。ABC 分类法的基本原理为：按照不同的分类标准和要求判断库存的重要程度，将其分为不同的类别，并实施区别化的库存管理措施。"重要的少数"即重点库存，其一般特征表现为库存价值高，占用资金多，周转速度快，供应风险大，利润贡献大，而品种、数量却较少，应实施重点的库存管理；"次要的多数"即次要库存，其一般特征表现为库存价值低，占用资金少，周转速度慢，供应风险小，利润贡献小，而品种、数量却较多，应实施简单的库存管理。

（一）ABC 分类法的分类依据

在库存管理中，ABC 分类法一般是以库存价值为基础进行分类的，但它并不能反映库存对企业利润的贡献程度，也不能反映缺货带来的损失和影响。因此，在实际运用 ABC 分类法时，分类的依据并不唯一，需具体、灵活地根据实际情况操作。ABC 分类法的目的是把重要的物资与不重要的物资区别开来，除了库存价值外，还有库存风险、缺货影响、利润贡献度、储存期长短等判断标准。

1. 库存价值

按照存货物资的价值占比将库存分为三类：A 类库存，其商品价值占库存总价值的 60%～80%，品种数则占总品种数的 5%～15%；B 类库存，其商品价值占库存总价值的 20%～30%，品种数则占总品种数的 20%～30%；C 类库存，其商品价值占库存总价值的 5%～15%，品种数则占总品种数的 60%～80%。其具体分类情况及管理方法如表 7.1 所示。

表 7.1　依据库存价值的 ABC 分类情况及管理方法

库存类型	重要程度	占库存总价值的百分比	占库存总品种数的百分比	控制程度	存货检查频率	安全库存量
A 类	特别重要	60%～80%	5%～15%	严格控制	频繁	低
B 类	一般重要	20%～30%	20%～30%	一般控制	一般	较高
C 类	不重要	5%～15%	60%～80%	简单控制	较少	高

2. 库存风险

库存在满足客户需求和提高服务水平等方面有积极作用，同时也给企业带来风险。根据存货面临的风险程度，库存可分为三类：A 类库存，为风险大的存货；B 类库存，为风险居中的存货；C 类库存，为风险小的存货。这种分类方法在实施过程中，需要建立合理的库存风险评估指标体系，采用科学的评估模型将风险程度值量化处理。

3. 缺货影响

如果某些物品的缺货会给企业经营运作带来严重的损失，那么可以依据缺货影响进行分类，这类库存应该具有较高的优先级别，需要重点对待。如果存货的缺失对企业影响不大，可以将其归为 C 类库存。

4. 利润贡献度

依据某种存货在一段时期内产生的利润占总利润的百分比对库存实施分类，利润贡献度大的为 A 类库存，利润贡献度小的为 C 类库存。

5. 储存期长短

某些企业的存货具有典型的时间特征，存在季节性、易变质、易过时等现象，如食品、农产品等。因此，可按储存期长短对存货实施 ABC 分类，那些储存期短、过时过期变化更易发生的为 A 类库存，而储存期长、出入库频率低的为 C 类库存，介于二者之间的为 B 类库存。

（二）ABC 分类法的实施步骤

以库存价值为分类依据，ABC 分类可按以下步骤进行。

1. 收集数据

在对库存进行分类之前，要收集各类库存商品的名称、年需求量、库存量、单价、在库平均时间等信息，以便了解库存的重要程度，为分类管理提供数据支持。

2. 处理数据

将收集来的数据资料进行汇总、整理，计算出所需的数据。例如以平均库存乘以单价，计算出各种物品的平均资金占用额。

3. 绘制 ABC 分类表

ABC 分类表由九栏构成，如表 7.2 所示。第一栏为物品名称，第二栏为品种数累计，第三栏为品种数累计百分比，第四栏为物品单价，第五栏为平均库存，第六栏为平均资金占用额，第七栏为平均资金占用额累计，第八栏为平均资金占用额累计百分比，第九栏为分类结果。

表 7.2　ABC 分类表

物品名称	品种数累计	品种数累计百分比	物品单价	平均库存	平均资金占用额	平均资金占用额累计	平均资金占用额累计百分比	分类结果

4. 确定 ABC 分类

观察 ABC 分类表中第三栏"品种数累计百分比"和第八栏"平均资金占用额累计百分比"的数值，参考表 7.1 确定 A、B、C 三类库存商品。

5. 绘制 ABC 分类管理图

以品种数累计百分比为横坐标，以平均资金占用额累计百分比为纵坐标，按 ABC 分类表第三栏和第八栏所提供的数据，在坐标图上取点，并连接各点曲线，绘制成 ABC 分类曲线图，如图 7.1 所示。

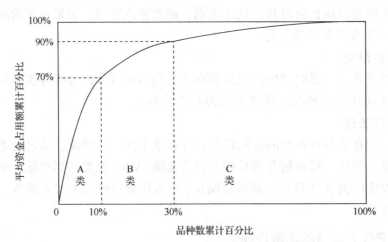

图 7.1　ABC 分类曲线图

例如，某物流公司准备采用 ABC 分类法对库存货物进行管理，库存货物明细如表 7.3 所示。

表 7.3　库存货物明细

序号	货物品名	品种数/个	平均库存量/千克	平均资金占用额/万元
1	H	12	220	33
2	I	25	1 200	23
3	J	3	5 000	60
4	K	30	400	16

序号	货物品名	品种数/个	平均库存量/千克	平均资金占用额/万元
5	L	6	6 500	68
6	M	46	500	10
7	N	8	2 600	92
8	O	78	10 000	12
合计		208	26 420	314

（1）收集数据：收集库存商品的名称、单价、平均库存量等资料。

（2）处理数据：计算品种数累计百分比和平均资金占用额累计百分比。

（3）绘制 ABC 分类表，确定 ABC 分类，如表 7.4 所示。

表 7.4 确定 ABC 分类

序号	货物品名	品种数/个	品种数累计/个	品种数累计百分比	资金占用额/元	资金占用额累计/元	资金占用额累计百分比	分类
1	L	6	6	2.88%	442 000	442 000	38.51%	A
2	J	3	9	4.32%	300 000	742 000	64.66%	A
3	N	8	17	8.17%	239 200	981 200	85.51%	B
4	O	78	95	45.67%	120 000	1 101 200	95.97%	C
5	I	25	120	57.69%	27 600	1 128 800	98.37%	C
6	H	12	132	63.46%	7 260	1 136 060	99.01%	C
7	K	30	162	77.88%	6 400	1 142 460	99.57%	C
8	M	46	208	100%	5 000	1 147 460	100%	C
合计		208			1 147 460			

（三）ABC 分类库存管理策略

将库存进行 ABC 分类，其目的在于根据分类结果对每类物品采取适宜的库存控制措施。

1. A 类库存的管理策略

A 类库存应尽可能从严控制，保持完整和精确的库存记录，给予最高的处理优先权等，具体管理措施可参照以下要求。

（1）随时监控需求的动态变化，遵循按需、准时采购原则，安排物资小批量、多批次采购入库，避免库存积压或损耗，提高资金周转率。

（2）增加检查和盘点次数，以提高对库存量的实时、精确掌握。

（3）科学设置最低库存量、安全库存量和订货点，防止缺货发生。

（4）提高货物的机动性，尽可能把货物放在便于出入库的位置上。

（5）货物包装尽可能标准化，以提高仓库利用率。

2. B 类库存的管理策略

正常控制，采用比 A 类商品相对简单的管理措施。

3．C 类库存的管理策略

对于 C 类库存，原则上应实施简单的管理措施。

（1）对于低价值、数量大的货物可规定最少出库批量，以减少处理次数。

（2）为防止缺货，安全库存量可设置得高一些，或减少订货次数以降低费用。

（3）使用简单化订货手段，甚至不设订货点，减少盘点次数。

（4）给予最低的优先作业次序。

二、经济订货批量法

经济订货批量法是通过平衡订货成本和保管成本，确定一个最佳的订货批量，以实现总库存成本最低的订货方法。经济订货批量就是与库存有关的成本达到最小时的订货批量。

在经济订货批量法下，库存成本是指一定时期内（通常以年为单位，也叫年总库存成本）购买成本与维持存货相关成本之和，其中，维持存货相关成本包括两大类，即订货费和库存保管费。订货费是指每次订货时所发生的费用，主要包括差旅费、通信费、手续费及跟踪订单发生的费用等。订货费与每次的订货量无关，年订货费越高，分摊后每次的订货费也越高。库存保管费是指因保管存储物资而发生的费用，包括存储设施的成本、搬运费、保险费、折旧费、税金及因物资变质、损坏等支出的费用。库存保管费随库存量的增加而增加。

年总库存成本=购买成本+订货费+库存保管费

我们也可以用下面的公式来计算年总库存成本。

$$TC=DP+DC/Q+QH/2$$

式中：TC 表示年总库存成本；D 表示库存货物的年需求量；P 表示单位货物的价格；C 表示单次订货费用；Q 表示订货量；$Q/2$ 表示年平均存储量；H 表示单位货物单位时间的保管费用。

（一）经济订货批量模型

1．模型假设条件

（1）缺货费用无穷大，即不允许缺货。

（2）货物存储量减少到零时，可以立即得到补充，即瞬时到货。

（3）货物年需求量是固定的，需求是连续、均匀的，即货物消耗速率为常数。

（4）订货提前期是固定的，且每次订货批量是相等的。

（5）每次订货费用、年单位储存费用与货物购买单价是固定不变的，均为常数。

2．经济订货批量计算公式

$$EOQ = \sqrt{\frac{2CD}{H}} = \sqrt{\frac{2CD}{PF}}$$

式中，EOQ 表示经济订货批量；F 表示单位货物单位时间的保管费率。

此时，最低年总库存成本 $TC=DP+HEOQ$

【例 7.1】计划每年需要采购 A 商品 30 000 个，A 商品的单价是 20 元/个，每次订货的成本是 240 元，每个 A 商品的年保管储存成本是 10 元。请计算：（1）A 商品的经济订货批量；（2）A 商品的最低采购总成本；（3）每年的订货次数；（4）每次订货的时间间隔。

解：（1）A 商品的经济订货批量 $EOQ = \sqrt{\dfrac{2CD}{H}} = \sqrt{\dfrac{2 \times 240 \times 30\ 000}{10}} = 1\ 200$ （个）

（2）A 商品的采购总成本 $TC = DP + H EOQ = 30\ 000 \times 20 + 10 \times 1\ 200 = 600\ 000 + 12\ 000 = 612\ 000$（元）

（3）每年的订货次数 $= D/EOQ = 30\ 000/1\ 200 = 25$（次）

（4）每次订货的时间间隔 $= 365/25 = 14.6$（天）

（二）订货批量的延伸运用

在不同情况下，如考虑市场供给情况、缺货情况时，经济订货批量的应用更加具体。

1. 批量折扣购货的订货批量

供应商为了吸引客户一次性购买更多商品，往往会采用批量折扣销售的方法，即对于一次性购买数量达到或超过某一数量标准的，给予价格上的优惠。这个事先规定的数量标准，称为折扣点。在批量折扣的条件下，由于提供折扣之前的订货价格与提供折扣之后的订货价格不同，因此企业需要对原经济批量模型做必要的修正。

在多重折扣点条件下，先依据确定条件下的经济订货批量模型，计算经济订货批量，然后分析并找出多重折扣点条件下的经济订货批量。其具体步骤如下。

（1）用经济订货批量模型计算出最高折扣区间（第 n 个折扣点）的经济批量 Q_n^*，并将其与供应商在 n 个折扣点指定的数量 Q_n 进行比较，如果 $Q_n^* \geqslant Q_n$，则取最佳订购量 Q_n^*；如果 $Q_n^* < Q_n$，就转入下一步骤。

（2）计算第 t 个折扣区间的经济批量 Q_t^*。用经济订货批量模型计算实际经济订货批量 Q，得出实际订货量的折扣区间，然后根据实际所在第 t 个折扣区间计算出对应的经济订货批量 Q_t^*。若 $Q_t \leqslant Q_t^* < Q_{t+1}$，则计算经济批量 Q_t^* 和折扣点 Q_{t+1} 的总库存成本 TC_t^* 和 TC_{t+1}，并比较它们的大小，取最小值，这时所对应的经济批量则为经济订货批量。

【例 7.2】接例 7.1。供应商为了促销 A 商品，采取以下折扣策略：一次性购买 1 000 个及以上打 9 折，一次性购买 1 500 个及以上打 8 折。若单位商品的仓储保管成本为单价的一半，请计算在此批量折扣条件下，仓库的最佳经济订货批量应为多少？

解：根据例 7.1，可求得单位货物单位时间的保管费率 $= 10 \div 20 = 0.5$。制作多重折扣价格表，如表 7.5 所示。

表 7.5　多重折扣价格表

折扣区间	0	1	2
折扣点/个	0	1 000	1 500
折扣价格/（元/个）	20	18	16

（1）计算正常情况下（无折扣）的经济批量 Q^*。

$$经济批量\ Q^* = \sqrt{\frac{2CD}{PF}} = \sqrt{\frac{2\times240\times30\ 000}{20\times0.5}} = 1\ 200（个）$$

因为 1 200>1 000，所以可享受折扣区间 1 的单价，进一步计算折扣区间 1 的经济批量 Q_1^*。

$$经济批量\ Q_1^* = \sqrt{\frac{2\times240\times30\ 000}{18\times0.5}} \approx 1\ 265（个）$$

（2）根据购买单价最低原则，计算折扣区间 2 的经济批量 Q_2^*。

$$经济批量\ Q_2^* = \sqrt{\frac{2CD}{PF}} = \sqrt{\frac{2\times240\times30\ 000}{16\times0.5}} \approx 1\ 342（个）$$

因为 1 342<1 500，所以不能直接享用折扣区间 2 的单价。

（3）因为 1 000<1 342<1 500，所以还需计算 TC_1^* 和 TC_2^* 对应的年总库存成本。

$TC_1^* = DP_1 + HQ_1^* = 30\ 000\times18 + 18\times0.5\times1\ 265 = 551\ 385（元）$

$TC_2^* = DP_2 + DC/Q_2^* + Q_2^* P_2 F/2$
$\qquad = 30\ 000\times16 + 30\ 000\times240/1\ 500 + 1\ 500\times20\times0.8\times0.5/2$
$\qquad = 490\ 800（元）$

由于 TC_2^*<TC_1^*，所以在批量折扣的条件下，最佳订购批量为 1 500 个。

2. 分批连续进货的进货批量

在连续补充库存的过程中，有时不可能在瞬间完成大量进货，而是分批连续进货，甚至是边补充库存边供货，直到库存量达到最高。这时，企业不再继续进货，而是只向需求者供货，直到库存量降至安全库存量，又开始新一轮的分批连续进货。分批连续进货条件下的经济订货批量，仍然是使总库存成本最低的经济订货批量，如图 7.2 所示。

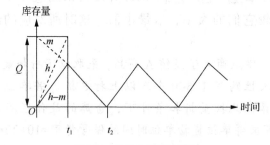

图 7.2 分批连续进货批量

设一次订购量为 Q，商品分批进货率为 h，库存商品耗用率为 m，并且 $h>m$。一次连续补充库存直至最高库存量需要的时间为 t_1，该次停止进货并不断耗用库存直至最低库存量的时间为 t_2。

由此可以计算出以下指标：$t_1=Q/h$；在 t_1 内的最高库存量为 $(h-m)\ t_1$；在一个库

存周期（t_1+t_2）内的平均库存量为（$h-m$）$t_1/2$；仓库的平均保管费为[（$h-m$）/2]·[Q/h]·（PF）。

$$经济订货批量\ Q^* = \sqrt{\dfrac{2CD}{PF\left(1-\dfrac{m}{h}\right)}}$$

在按经济订货批量 Q^* 进行订货的情况下，

$$每年最小总库存成本\ TC^* = DP + \sqrt{2CDPF\left(1-\dfrac{m}{h}\right)}$$

$$每年订货次数\ N=D/Q^*$$

$$订货间隔周期\ T=365/N=365\times Q^*/D$$

【例 7.3】甲仓库 B 种商品年需求量为 5 000 kg，一次订购成本为 100 元，B 商品的单位价格为 25 元，单位商品的年保管费率为单价的 20%，每天进货量为 100 kg，每天耗用量为 20 kg，请计算在商品分批连续进货条件下的经济订货批量、每年的总库存成本、每年订货次数和订货间隔周期。

解： 经济订货批量 $= \sqrt{\dfrac{2\times5\,000\times100}{0.2\times25\times\left(1-\dfrac{20}{100}\right)}}$

$=500$（kg）

每年的库存总成本 $=5\,000\times25+\sqrt{2\times5000\times100\times0.2\times25\times\left(1-\dfrac{20}{100}\right)}$

$=127\,000$（元）

每年订货次数 $=5\,000/500=10$（次）

订货间隔周期 $=365/10=36.5$（天）

三、定期库存控制法

定期库存控制法是指按预先确定的订货间隔周期进行订货、补充库存的一种库存管理方式。

（一）订货周期的确定

订货周期是指本次订货日与下次订货日的间隔时间。订货周期可以表示为每次平均订货量在单位时间内的平均需求量，计算公式如下。

$$T^* = \sqrt{\dfrac{2S}{HD}}$$

式中，T^* 表示订货周期，S 表示单次订货费，H 表示单位货物在单位时间内的保管费，D 表示库存货物的年需求量。

（二）最高库存量

最高库存量又称"最高储备定额"，是企业为控制物资库存量而规定的上限标准。最高库存量的计算公式如下。

$$Q_{max} = \bar{R}(T+\bar{T}_K) + SS$$

式中，Q_{max} 表示最高库存量，$\bar{R}$ 表示（$T+\bar{T}_K$）期间的库存需求量平均值，T 表示订货周期，$\bar{T}_K$ 表示平均订货提前期，SS 表示安全库存量。

（三）订货量的确定

采用定期库存控制法得到的订货量是指本次订货的数量，具体的计算公式如下。

$$Q_i = Q_{max} + Q_{Ni} - Q_{Ki} - Q_{Mi}$$

式中，Q_i 表示第 i 次订货的订货量，Q_{Ni} 表示第 i 次订货点的在途到货量，Q_{Ki} 表示第 i 次订货点的实际库存量，Q_{Mi} 表示第 i 次订货点的待出库货物量。

知识巩固

一、不定项选择题

1.（　　）是一种将库存按年度货币占用量分为 3 类，通过分析，找出主次，分类排队，并根据其不同情况分别加以管理的方法。

  A．CVA 库存管理法   B．关键因素分析法
  C．ABC 分类法   D．帕累托分析法

2．某企业全年需用 A 材料 2 400 t，单次订货费为 400 元，每吨材料的年库存成本为 12 元，则每年最佳订货次数为（　　）次。

  A．12   B．6   C．3   D．4

3．下列属于库存控制方法的有（　　）。

  A．ABC 分类法   B．定期库存控制法
  C．经济订货批量法   D．以上都是

二、简答题

1．请说出 ABC 分类法在库存管理中的运用案例。

2．请说出经济订货批量的假设条件。

技能训练

浙江商通物流公司配送中心一年的库存周转量统计数据如表 7.6 所示。请采用 ABC 分类法对表 7.6 中所示商品进行分类。

表 7.6　不同商品的年库存周转量

序号	货品编号	货品名称	库存周转量/箱
1	A001	电水壶	750
2	D001	吹风机	451
3	B003	计算机显示器	6 128
4	D002	电磁炉	170
5	A002	电饭煲	922
6	W002	微波炉	214
7	S001	芝麻油	188
8	F003	方便面	1 252
9	F004	笋干老鸭煲面	822
10	K001	火腿肠	130
11	S002	纯净水	4 520
12	S003	花生油	217
13	K009	干红葡萄酒	462
总计			16 226

08 模块八
出库作业管理

【学习目标】

知识目标
- 了解客户订单分析的内容
- 掌握拣货作业的基本流程
- 掌握拣货方式

能力目标
- 能够判断客户订单的有效性
- 能够熟练完成拣货作业
- 能够正确处理出库作业中的异常问题

素质目标
- 树立敬业精神、安全意识和劳动意识
- 具有团队协作能力
- 培养分析问题、解决问题的能力

【案例导入】

恒新公司的配件出库管理

大连恒新零部件制造公司（以下简称"恒新公司"）作为大连市重点企业，原材料需求很大，每年采购数额约为 4 亿元，所以如何进行仓库管理和控制对企业的发展至关重要。恒新公司在总结多年实践经验的基础上，制定了出库管理制度，取得了较好的效果。

入库是仓储活动的开始，而出库则是仓库活动的最后阶段，配件的出库是仓储作业的重要阶段，要做到把配件及时、准确、迅速地发放给使用对象，不影响企业的生产经营。因此，仓库人员应该努力做好配件出库工作。为保证配件出库的及时、准确，使配件出库工作一次性完成，仓库人员坚持遵循"先进先出"原则，在减少配件储存时间的同时，严格按照配件出库程序工作。

（1）配件出库前的准备。仓库人员要深入实际，掌握用料规律，并根据出库任务量安排好所需的设备、人员和场地等。

（2）核对出库凭证。仓库人员发出的配件主要由车间领用，小部分配件用于对外销售、委托加工或者基建工程。为了确定出库配件的用途，计算新货物的成本，防止配件被盗，配件出库时必须有一定的凭证，严禁无单或白条发货。配件出库凭证主要有领料单、外加工发料单等。仓库人员接到配件出库凭证后，必须认真核对，无误后方可发料。

（3）备料。仓库人员按照配件出库凭证进行备料，同时变动料卡的余存数量，填写实发数量和日期等。

（4）复核。为防止差错，仓库人员备料后必须进行复核。复核的主要内容有配件出库凭证与配件的名称、规格、数量、质量等是否相符。

（5）发料和清理。复核无误后，即可发料。发料完成后，当日登记销账，清理单据、证件，并清理现场。

（6）配件出库工作会直接影响企业的经营和秩序，影响配件的盈亏、损耗和周转速度。

【思考】恒新公司的配件出库程序有什么优缺点？

单元一　客户订单处理

客户订单处理是从接到客户订单到着手准备拣货之间的作业过程。客户订单处理是在库作业管理的结束和配送服务的第一个环节，是配送服务质量得以保证的根本，包括客户订单分析、客户优先级比较等。

一、客户订单分析

客户订单分析从了解影响订单有效性的因素入手。

（一）了解影响订单有效性的因素

影响订单有效性的因素有很多，包括应收账款和信用额度是否超额、订单日期是否有误、是否允许缺货、金额是否正确、是否允许延迟交货、付款方式和时间是否有误、联系方式或收货地点等基本信息填写是否正确。这些因素都需要我们一一核对与分析。

（二）分析订单的有效性

了解影响订单有效性的因素后，我们就可以对订单逐一进行分析，判定订单是否有效，将有效订单纳入拣选计划的编制，而将无效订单予以锁定。订单有效性的判定依据如下。

1. 客户名称

订单上的客户名称应与商务部门审核的客户名称及系统中的客户名称相符，否则将该订单视为无效订单并锁定，事后由商务部门与客户沟通确认。

2. 信用额度

为客户分配相应的信用额度后，对订单有效性进行判定的规则为：应收账款+本次订单金额>115%信用额度，则视为无效订单；反之，则视为有效订单。

例如，某仓库在 8 日分别接到黄河路超市于 1 日，解放路超市、南阳路超市、人民路超市于 3 日，未来路超市于 5 日发来的订单，订单的有效期是 7 日。订单具体情况如表 8.1 所示。

表 8.1　订单具体情况　　　　　　　　　　　　　　　　　单位：元

客户名称	信用额度	应收账款	本次订单金额	累计金额
黄河路超市	120 000	98 000	12 620	110 620
解放路超市	200 000	150 000	182	150 182
南阳路超市	1 500 000	1 250 000	8 640	1 258 640
人民路超市	60 000	70 000	167	70 167
未来路超市	100 000	98 000	196	98 196

【解析】

第一步，计算出信用额度及其差值，如表 8.2 所示。

表 8.2　信用额度及其差值　　　　　　　　　　　　　　　单位：元

客户名称	信用额度	应收账款	本次订单金额	累计金额	115%信用额度	差值
黄河路超市	120 000	98 000	12 620	110 620	138 000	27 380
解放路超市	200 000	150 000	182	150 182	230 000	79 818
南阳路超市	1 500 000	1 250 000	8 640	1 258 640	1 725 000	466 360
人民路超市	60 000	70 000	167	70 167	69 000	−1 167
未来路超市	100 000	98 000	196	98 196	115 000	16 804

第二步，进行订单有效性分析，如表 8.3 所示。

表 8.3　订单有效性分析　　　　　　　　　　　　　　　　单位：元

客户名称	信用额度	应收账款	本次订单金额	累计金额	115%信用额度	差值	分析结果
黄河路超市	120 000	98 000	12 620	110 620	138 000	27 380	无效
解放路超市	200 000	150 000	182	150 182	230 000	79 818	有效
南阳路超市	1 500 000	1 250 000	8 640	1 258 640	1 725 000	466 360	有效
人民路超市	60 000	70 000	167	70 167	69 000	−1 167	无效
未来路超市	100 000	98 000	196	98 196	115 000	16 804	有效

注：当应收账款+本次订单金额<115%信用额度时，订单有效。

（1）黄河路超市的订单已过有效期，所以该订单为无效订单。

（2）人民路超市的订单的累计金额超过其信用额度的 115%，所以该订单为无效订单。

综上，解放路超市、南阳路超市、未来路超市的订单为有效订单。

第三步，问题订单的处理。

（1）问题订单：人民路超市的订单。

【原因】该订单的累计金额超过其信用额度的 115%。

【处理方法】应与该客户联系追加贷款或取消该订单（由主管签字并填写日期）。

（2）问题订单：黄河路超市的订单。

【原因】该订单已过有效期。

【处理方法】与该客户联系，待其提出改善措施后执行或取消该订单（由主管签字并填写日期）。

二、客户优先级比较

区别客户优先级的原因在于，有些客户能给企业暂时带来很大的利益，有些客户能给企业带来长远的利益，有些客户可能会成为企业的金牌客户，有些客户可能成为企业的潜在客户。

（1）影响客户优先级的因素包括客户交易总额、客户忠诚度、客户级别、客户合作时间。

（2）上述因素的权重：上年交易总额——0.4、合作年限——0.2、客户级别——0.3、忠诚度——0.1。

（3）客户优先级分析表如表 8.4 所示。

表 8.4 客户优先级分析表

客户名称	上年交易总额	客户忠诚度	客户级别	客户合作时间	客户优先级
南阳路超市	265 万元	高	较高	10 年	1
未来路超市	78 万元	一般	高	9 年	3
解放路超市	100 万元	较高	高	9 年	2

综上，客户优先级排序结果为南阳路超市、解放路超市、未来路超市。

 知识巩固

一、不定项选择题

1. 客户订单处理包括（   ）。

    A. 客户订单分析

    B. 客户优先级比较

    C. 分货单绘制

    D. 集货单绘制

2. 下列不属于影响客户优先级的因素的有（　　　　）。
　　A. 合作时间　　 B. 交易总额　　　　 C. 客户忠诚度　　　　 D. 客户资产

3. 下列属于影响订单有效性的因素有（　　　）。
　　A. 应收账款是否超额　　　　　　　　 B. 信用额度是否超额
　　C. 订单日期是否有误　　　　　　　　 D. 客户信用等级

二、简答题

1. 为客户分配相应的信用额度后，对订单有效性进行判定的规则是什么？

2. 如何比较客户优先级？

技能训练

　　某仓库在 15 日分别接到客户甲于 8 日，客户乙、丙于 10 日，客户丁于 12 日发来的订单，订单的有效期是 7 日。订单具体情况如表 8.5 所示。请分析以上订单的有效性。

表 8.5　订单具体情况　　　　　　　　　　　　　　　　单位：元

客户名称	信用额度	应收账款	本次订单金额	累计金额
客户甲	96 000	78 400	10 096	88 496
客户乙	160 000	120 000	145	120 145
客户丙	1 200 000	1 000 000	6 912	1 006 912
客户丁	48 000	56 000	133	56 133

单元二　拣货作业

　　拣货作业是在分析客户订单有效性与比较客户优先级的基础上，依据客户订单的要求或配送中心的送货计划，尽可能迅速、准确地将商品从其储位或其他区域拣取出来，并按一定的方式进行分类与集中等的作业过程。

　　在配送中心的搬运成本中，拣货作业的搬运成本约占 90%；在劳动密集型的配送中心，与拣货作业直接相关的人力成本占 50%；拣货作业时间约占整个配送中心作业时间的 30%～40%。因此，在配送作业的各环节中，拣货作业是核心环节。合理规划与管理拣货作业，对提高配送中心作业效率具有决定性的作用。

微课 8-1

拣货作业的基本流程

一、拣货作业的基本流程

　　拣货作业的基本流程包括拣货信息的形成、行走与搬运、确认信息、分类与集中 4 个环节。

（一）拣货信息的形成

拣货作业开始前，必须完成对指示拣货作业的单据或信息的处理。一些配送中心直接利用客户订单或公司交货单作为拣货指示，但此类单据容易在拣货过程中受到污损而产生错误，所以在多数拣货作业过程中，仍需将原始单据转换成拣货单或电子信号，从而使拣货员或自动拣取设备进行更高效的拣货作业。这种转换仍是拣货作业中的一大瓶颈。因此，利用电子订货系统（Electronic Ordering System，EOS）将订单信息通过计算机快速及时地转换成拣货单或电子信号是现代配送中心应具备的功能。

（二）行走与搬运

拣货时，拣取者必须直接接触并拣取货物，这样就形成了拣货过程中的行走与搬运。这一过程有以下两种完成方式。

人一物方式，即拣取者以步行或搭乘拣货车的方式到达货物储位。这种方式的特点是物静而人动。拣取者包括拣货员、自动拣货机、拣货机器人。

物一人方式，即拣取者在固定位置作业，而货物保持动态移动的方式。这种方式的特点是物动而人静。

（三）确认信息

无论是人工还是机械拣取货物，都必须首先确认被拣货物的品名、规格、数量等内容与收到的拣货信息是否一致。这种确认既可以是人工目视读取信息，也可以是利用无线传输终端读取条码后由计算机进行对比，而采用后一种方式可以大幅度降低拣货的错误率。拣货信息确认无误后，拣取的过程可以由人工或自动化设备完成。

（四）分类与集中

配送中心在收到多个客户的订单后，可以进行批量拣取，然后再根据不同的客户或送货路线对货物进行分类与集中，对于一些需要进行流通加工的货物，还需根据加工方法进行分类，加工完毕再按一定的方式分别发出。多品种分货的作业过程较复杂，难度也大，容易发生错误，必须在统筹安排形成规模效应的基础上提高作业的精确性。分类完成后，经过查对、包装便可以出货了。

拣货作业消耗的时间主要包括 4 类：订单或送货单经过信息处理过程，形成拣货信息的时间；行走与搬运的时间；准确找到货物的储位并确认所拣货物及其数量的时间；拣取完毕，对货物进行分类与集中的时间。提高拣货作业效率的途径主要是缩短以上 4 类时间。此外，防止发生拣货错误，提高储存管理账物相符率及顾客满意度，降低拣货作业成本也是拣货作业管理的目标。

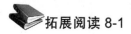
拓展阅读 8-1

货物出库要做到"三不、三核、五检查"

"三不"：未接单据不翻账，未经审单不备库，未经复核不出库。

147

"三核"：在发货时，要核对凭证、核对账卡、核对实物。

"五检查"：对单据和实物要进行品名检查、规格检查、包装检查、件数检查、重量检查。

二、拣货方式

出库管理中拣货方式的选择是非常重要的部分，科学合理的拣货方式能提高拣货作业的效率和准确度。常见的拣货方式有人工播种式拣货、摘取式 DPS 拣货、人工摘果式拣货、播种式 DAS 拣货。

（一）人工播种式拣货

人工播种式拣货以订单为单位，每张订单拣货一次，其作业流程如图 8.1 所示。人工播种式拣货是比较传统的拣货方式，适用于大数量订单的拣货处理。其优点包括：操作方法简单；延迟时间短；拣货员责任明确，易于评估。同时，其具备如下缺陷：货物品类较多时，拣货行走路径较长，拣货效率较低；拣货区域较大时，搬运困难。

微课 8-2

拣货方式

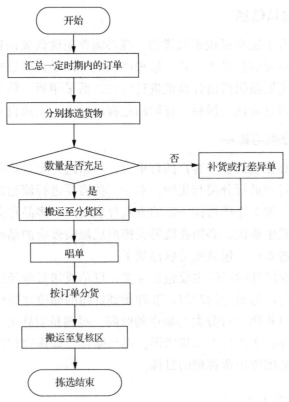

图 8.1　人工播种式拣货作业流程

（二）摘取式 DPS 拣货

摘取式 DPS 拣货是依靠电子标签系统，对每一张订单上的货物逐一进行拣选的方式，其作业流程如图 8.2 所示。其具有减轻拣货员的劳动强度的优点。与人工播种式拣货相比，摘取式 DPS 拣货在实施过程中的信息传递方式为无纸化传递，拣货员只要根据电子标签系统的指示信息拣选货物即可。

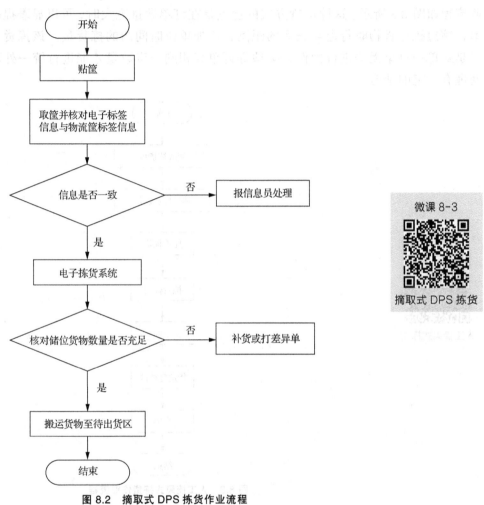

图 8.2　摘取式 DPS 拣货作业流程

微课 8-3

摘取式 DPS 拣货

149

拓展阅读 8-2

电子标签是一种非接触式的自动识别技术，它通过射频信号识别目标对象并获取相关数据，识别工作无须人工干预。作为条码的无线版本，电子标签具有条码所不具备的防水、防磁、耐高温、使用寿命长、读取距离大、标签上的数据可以加密、存储数据容量更大、存储信息可自如更改等优点。电子标签有 3 个核心部分。第一个是标签，由耦合元件及芯片组成，每个标签具有唯一的电子编码，高容量电子标签有用户可写入的存储空间，附着在物体上，以标识目标对象。第二个是阅读器，即手持或固定式读取（有时还可以写入）标签信息的设备。第三个是天线，用于在标签和阅读器间传递射频信号。

（三）人工摘果式拣货

人工摘果式拣货是把一段时间里的多张订单集合成一批，依照货物种类将货物数量汇总，全部由人工进行拣选，然后再根据每张订单进行分货处理的拣货方式，其作业流程如图 8.3 所示。这种拣货方式的优点是在订单数量庞大时，可以显著提高工作效率，缩短拣选货物时行走与搬运的距离，增加单位时间内的拣货量。该拣货方式的缺点是对单一订单无法进行操作，必须等订单累积到一定数量才能进行统一处理，订单处理有一定的延迟。

微课 8-4

人工摘果式拣货

150

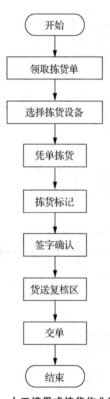

图 8.3　人工摘果式拣货作业流程

（四）播种式 DAS 拣货

播种式 DAS 拣货也是依靠电子标签系统，根据系统提示的信息进行拣选的方式，其作业流程如图 8.4 所示。

播种式 DAS 拣货与摘取式 DPS 拣货的区别如下。

（1）摘取式 DPS 拣货是按每张订单进行拣货，而播种式 DAS 拣货是按照货物类型进行拣货。

（2）摘取式 DPS 拣货完成后不用再进行分货，而播种式 DAS 拣货完成后需要依据订单进行分货。

（3）摘取式 DPS 拣货的电子标签系统对应的是货位，而播种式 DAS 拣货的电子标签系统对应的是客户或门店。

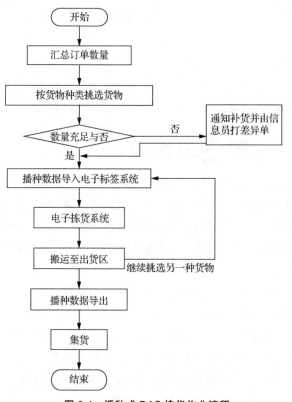

图 8.4　播种式 DAS 拣货作业流程

微课 8-5

播种式 DAS 拣货

151

知识巩固

一、不定项选择题

1. 拣货作业的基本流程包括（　　　）。
   - A. 拣货信息的形成
   - B. 行走与搬运
   - C. 确认信息
   - D. 分类与集中

2. 货物出库要做到的"三核"不包括（　　　）。
   - A. 核对凭证
   - B. 核对账卡
   - C. 核对实物
   - D. 核账本

3. 下列属于拣货方式的是（　　　）。
   - A. 人工播种式拣货
   - B. 摘取式 DPS 拣货
   - C. 人工摘果式拣货
   - D. 播种式 DAS 拣货

4. （　　　）是把一段时间里的多张订单集合成一批，依照货物种类将货物数量汇总，全部由人工进行拣选，然后再根据每张订单进行分货处理的拣货方式。
   - A. 人工播种式拣货
   - B. 摘取式 DPS 拣货
   - C. 人工摘果式拣货
   - D. 播种式 DAS 拣货

5. 依靠电子标签系统，根据系统提示的信息进行拣选的方式是（　　　）。
   - A. 人工播种式拣货
   - B. 摘取式 DPS 拣货

C. 人工摘果式拣货   D. 播种式 DAS 拣货

二、简答题

1. 简述电子标签的工作原理。

2. 比较 4 种拣货方式的优缺点。

 技能训练

中百控股集团股份有限公司（以下简称"中百集团"）拥有中百仓储、中百超市、便利店、中百百货等业态，随着业务的发展，近年来面临多业态融合、小批量多批次配送、拆零比例大、收发存区域面积不足、门店易缺货等难题，物流作业过程中软件及硬件瓶颈越来越凸显。面对新零售时代的机遇，中百集团构建了一个"物理世界+数字世界"完美融合的综合解决方案。

为抓住转型升级机遇，中百集团耗资数亿元，打造了一个项目——中央仓立库，其由 4 层楼库构成，总面积为 65 000m²，用于常温商品存储和发货。中央仓立库物流应用的自动化技术先进，如库内配置了运行速度快、载重高的立库，有近 2 万个托盘位；配置了采用高精度定位技术的滑块式高速分拣机，线体重复定位精度小于 1 mm，可以轻松提供近 100 个货物出口；配置了单巷道约 400 箱/时的自动补货系统；还应用了四向穿梭车库、补货穿梭小车、AGV、输送线、电子标签等多项设备。

中央仓立库作为一个全流程自动化配送中心，具体是怎么运作的呢？入库环节：根据不同的存储业务，采用整托自动入库、智能指定入库上架货位的方式。在库环节：楼库分区模组化管理，各模组作业互不干扰，如立库储存整件商品、楼库流利式货架存放拆零商品、托盘地堆存储直通商品，各楼层库存共享，可实现工厂生产线式作业复制，这也为中百集团业务的全渠道一盘货运营打下了基础。出库环节：在整件拣货上，按商品拣选，采用高速分拣机自动分拣模式；拆零作业流程复杂，整体业务拆零需求高达70%，主要采用"AB 品 DPS 接力拣选+C 品 RF 拣选"模式；在运作过程中，中央仓立库通过托盘穿梭车自动补货。集货环节：采用输送线与穿层机构实现各货物的输送，利用交叉带分拣机实现门店分拣作业，可同时满足单波次 400 家门店的出库量。系统会根据门店上传的订单进行计算，分 4 个波次进行集货配送，每个波次的拣货与配送时间为 2 小时。

中百集团打造了一个亚洲一流的自动化仓储标杆项目，日均出库量可达 4 万～5 万箱，峰值出库量可达 12 万箱，能满足 1 200 多家仓储公司、超市和便利店等的订单配送需求。

【思考】（1）中百集团中央仓物流是如何应用自动化技术的？

（2）中百集团自动化配送中心采用了什么拣选方式？

（3）如果你是中百集团的管理者，请结合现状，对集团未来的发展提出建议。

单元三　出库作业异常问题及其处理

　　仓储公司由于储存的货物量大、品种多，而且货物来自不同的客户，因此在出库过程中难免出现各种问题。妥善处理这些问题，不仅可以挽回仓储公司和客户的损失，而且可以提升仓储公司的信誉，增强仓储公司的市场竞争力。

一、出库凭证上的问题及其处理

　　（1）凡出库凭证超过提货期限，客户前来提货，必须先办理手续，按规定缴足逾期仓储保管费后方可提货。任何非正式凭证都不能作为提货凭证。提货时，若客户发现规格开错，保管员不得自行调换规格后发货。

　　（2）凡发现出库凭证有疑点，以及出库凭证有假冒、复制、涂改等情况时，出库人员应及时与仓库保卫部门及出具出库单的单位或部门联系，以妥善处理。

　　（3）货物进库未验收，或者期货未进库的出库凭证，一般暂缓发货，并通知客户，待货到并验收后再发货，提货期顺延。

　　（4）客户若不慎将出库凭证遗失，应及时与仓库发货员和账务人员联系并挂失；如果挂失时货已被提走，保管员不承担责任，但要协助客户找回货物；如果货还没有被提走，经保管员和账务人员查实后，出库人员做好挂失登记，将原凭证作废，缓期发货。

案例分析

153

伪造提货单"骗"走1 000余吨钢材，公司老板被起诉

　　2021年8月，某钢业公司主管吴先生来公安机关报案称，他们发现本公司运至上海某码头的1 000余吨钢材被人偷偷提走，而公司并未向他人出具过提货函或提货委托书。调查发现，7月中旬，一家物流公司分批将钢材运走，并表示他们是凭提货函按正规流程运走钢材的。但经鉴定，用于提走钢材的提货函和提货委托书均是伪造的。原来，姚某所在贸易公司与该钢业公司一直存在贸易关系，姚某称钢业公司拖欠其所在贸易公司数百万元货款，因货款超期未付，所以将钢材提走抵债。

　　调查发现，该钢业公司与该贸易公司已在2021年7月协商解除之前的贸易合同，该钢业公司并不对该贸易公司负有债务；相反，姚某所在的贸易公司仍欠该钢业公司数千吨钢材且尚未供货。而且姚某所在的贸易公司在2021年5月已出现资金紧张的情况，经营困难。"因为公司资金紧张，我想把货提走卖钱，以此缓解公司的压力。"面对检察官的讯问，姚某终于承认自己提走钢材并非为了抵债，而是为了卖钱。姚某利用伪造的委托书、提货函欺骗码头和仓储人员，将不属于自己的钢材提走，系使用诈骗方法获取财物。

【思考】姚某靠伪造单证行骗，只能骗得了一时，真相总会被发现。你觉得应该如何避免类似的事情发生呢？

二、提货数与实存数不符及其处理

若出现提货数与实存数不符的情况（一般是实存数小于提货数），无论是何种原因造成的，出库人员都需要和仓库主管部门及货主单位及时取得联系后再做处理。

一般情况下，提货数与实存数不符的原因有以下几点。

（1）货物入库时，由于验收问题，实收货物的签收数量增加了，从而造成提货账面数大于实存数。

（2）保管员和发货员在以前的发货过程中因错发、串发等差错而造成实存数小于提货账面数。

（3）货主单位没有及时核减开出的提货数，造成账面数大于实存数，从而导致提货数过大。

（4）仓储过程中造成了货物的毁损。

三、串发货和错发货及其处理

串发货和错发货主要是指发货员由于对货物的种类和规格不熟悉，或者由于疏漏把规格、数量有误的货物发出库的情况。

如果货物尚未离库，保管员应立即组织人力，重新发货；如果货物已经离开仓库，保管员应及时向主管部门和货主通报串发货和错发货的品名、规格、数量、提货单位等情况，会同货主单位和运输单位协商解决。一般在无直接经济损失的情况下，货主单位会重新按实际发货数冲单（票）。如果造成直接经济损失，保管员应按赔偿损失单据冲转调整保管账。

四、包装破漏及其处理

包装破漏是指在发货过程中，因货物外包装破损引起的渗漏等问题。这类问题主要是在储存过程中因堆垛挤压、装卸搬运操作不慎等情况引起的。包装破漏的货物在发货时应经过整理或更换包装，然后方可出库，否则由此造成的损失应由仓储部门承担。

五、漏记账和错记账及其处理

漏记账是指在出库作业中，由于没有及时核销明细账而造成账面数大于或小于实存数的现象。错记账是指在货物出库后核销明细账时没有按实际发货出库的商品名称、数量等登记，从而造成账实不相符的情况。

无论是漏记账还是错记账，一经发现，保管员除应及时向有关领导如实汇报情况外，还应根据原出库凭证查明原因并调整保管账，使之与实际库存保持一致。如果由于漏记账和错记账给货主单位、运输单位造成了损失，企业应予以赔偿，同时应追究相关人员的责任。

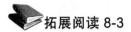拓展阅读 8-3

货物出库后发生问题的处理

（1）货物出库后，若有客户反映出现规格有误、数量不符等情况，如确属发货差错，保管员应予纠正、致歉；反之，则应耐心向客户解释清楚。易碎品发货后，客户若要求调换，仓储部门应以礼相待，婉言谢绝。如果客户要求帮助解决易碎配件，仓储部门要积极协助、协商解决。

（2）若因客户原因导致规格、型号开错且客户要求退换，保管员应按入库验收程序将货物重新验收入库。如果包装或货物损坏，保管员应不予退换，待修好后再按有关入库质量要求将货物重新验收入库。

知识巩固

一、不定项选择题

1.（　　）主要是指发货员由于对货物的种类和规格不熟悉，或者由于疏漏把规格、数量有误的物品发出库的情况。
    A. 串发货和错发货　　　　　　　　B. 漏记账
    C. 错记账　　　　　　　　　　　　D. 重复发货

2. 在发货过程中，如果货物包装破漏，发货时应进行整理或更换包装，然后方可出库，否则由此造成的损失应由（　　）承担。
    A. 收货人　　B. 仓储部门　　　　C. 验收人员　　　　D. 运输单位

3. 提货数与实存数不符的原因有（　　）。
    A. 货物入库时，由于验收问题，实收货物的签收数量增大了，从而造成账面数大于实存数
    B. 保管员和发货员在以前的发货过程中因错发、串发等差错而造成实存数小于账面数
    C. 货主单位没有及时核减开出的提货数，造成账面数大于实存数，从而导致提货数过大
    D. 仓储过程中造成了货物的毁损

4. 出库过程中容易在（　　）方面存在异常情况。
    A. 出库凭证　　B. 提货数　　　　C. 包装　　　　　D. 账本

5. 客户若将出库凭证遗失，应及时与仓库发货员和账务人员联系并挂失，如果货还没有提走，经保管人员和账务人员查实后，做好挂失登记，将（　　）作废，缓

期发货。

    A. 原始凭证   B. 出库单   C. 提货单   D. 进货单

二、简答题

1. 简述出库作业异常问题及其处理方法。

2. 货物出库后发生问题应如何处理？

3. 出库凭证有疑点，应如何处理？

技能训练

某仓储公司的出库异常

某药房到某仓储公司提取一批药品，保管员在核对凭证时发现出库凭证已超出提货期限，且有一批药品还未验收入库，提货数比实存数多了 10%。上述情况应如何处理？假设上述问题处理好了，保管员同意药房提货，但发货后发现，提货单上写的维生素 C 是颗粒状的，而拣货员拣取的维生素 C 是片状的，理货员也没有发现，这一情况应如何处理？假设药房将提取的药品运回去后，发现有一箱装止咳糖浆的箱子已经被浸湿了，打开纸箱后发现，有 4 瓶止咳糖浆瓶子已破碎，便打电话要求仓储公司赔偿，这一问题又应如何处理？

请采用角色扮演的方式，分析以上 3 个环节出现问题的原因，并提出解决措施。

09 模块九
风险控制与管理

【学习目标】

知识目标

- 掌握仓储风险与风险管理的方法
- 掌握仓库治安保卫管理与仓库消防管理的方法
- 了解仓库安全生产的意义

能力目标

- 具有仓储安全的意识
- 能够正确识别仓储火灾的类型
- 能够正确使用灭火器

素质目标

- 具有做事谨慎细致的职业素养
- 具有安全防护的意识

【案例导入】

天津市滨海新区中塘镇中外运久凌储运仓库"10·28"重大火灾事故

2018年10月28日，天津市滨海新区中外运久凌储运有限公司天津分公司（以下简称"久凌天津公司"）大港仓库发生火灾，过火面积达 23 487.53 m²，事故未造成人员伤亡，直接经济损失（不含事故罚款）约为 8 944.95 万元，该事故是一起重大火灾事故。

事故起因是久凌天津公司大港仓库5号仓库501仓间西墙往北数第3根与第4根立柱之间上方的视频监控系统电气线路发生故障，产生的高温电弧引燃线路绝缘材料，燃烧的绝缘材料掉落并引燃下方存放的润滑油纸箱和塑料薄膜包装物，随后形成火灾。

火灾蔓延的原因有：火灾发现及报警延误，前期处置不力；自动消防设施未启动，初期火灾未得到控制；润滑油燃烧后形成流淌火，蔓延迅速；风力大、燃烧猛烈等。

该起事故中，32人被建议追究责任。其中，17人被移送司法机关追究刑事责任，包括主体责任企业的总经理、分管消防安全的副总经理、安监部经理、仓库总监、仓库经理、仓库行政主管、项目小组长、技安部经理、保安员等；15人被建议给予相关企业与政府人员党纪政纪处分和诫勉谈话。

【思考】（1）造成本次重大安全事故最直接、最根本的原因是什么？

（2）如果你是仓库管理人员，你能从本次事故中吸取到哪些经验教训？

在物流活动中，安全管理员非常必要的。如果在库房管理中忽视对风险的认识和缺乏对库房风险的管理，那么企业将会因库房安全事故的发生而付出惨痛的代价。对于仓储物流活动而言，因其业务具有特殊性，安全管理更是重中之重。

单元一　仓库风险与风险管理

仓库的主要功能是贮存物品，在物品进出的过程中，经常需要用到各种运输传送设施（如吊车、电梯、滑梯等），所以它是一个流动性很大的场所，需要非常注意消防安全和库房管理。

一、常见的仓库风险及其原因

仓库最基本的功能为保管和储存功能，因此在保管货物过程中常见的风险主要有库房火灾、法律风险等。

（一）库房火灾

导致库房发生火灾主要有以下原因。

1. 人员管理混乱

仓库人员管理不善，有乱搭、乱建、乱堆，甚至擅自改变防火分区、防火间距现象，消防设施不能完整好用，部分仓库没有安排指定人员进行轮岗巡查，部分管理员吃住在库区，极易造成火灾隐患。

2. 火种控制不严

库内未严格执行禁火规定，存在违章切割、无证动火、违反规定操作等行为引发火源，主要包括违规动火、吸烟、装卸作业中引发的火种等。

3. 危险品管理不当

危险物品、化学品仓库没有分类分项存放，通风散热条件不良，防潮防火、降温措施不力，堆放不规范，缺乏专业知识致使库存物品发生化学反应引起自燃、燃烧或爆炸。

（二）法律风险

由于物流企业法律风险防范意识的缺乏，以及目前物流法律法规的分散性和滞后性，物流企业在经营中面临大量的法律风险。那么，物流仓储中常见的法律风险主要有以下几种。

1. 仓储物验收不明风险

《民法典》第九百零七条的规定："保管人应当按照约定对入库仓储物进行验收。保管人验收时发现入库仓储物与约定不符的，应当及时通知存货人。保管人验收后，发生仓储物的品种、数量、质量不符合约定的，保管人应当承担赔偿责任。"因此，在仓储业务中，若保管人对照货物单证列明的品种、数量、质量等逐一检验、核实货物不细致，在货物出库时发现与单证不相符而发生纠纷，仓储部门就可能承担赔偿责任。

2. 仓储物变质风险

货物在仓储期间发生变质常引发纠纷。《民法典》第九百一十二条规定："保管人发现仓储物有变质或者其他损坏的，应当及时通知存货人或者仓单持有人。"因此，保管人应注意尽到及时通知的义务，必要时采取有效措施止损。

3. 存货人欺诈风险

实践中，存货人可能采取多种手段对保管人进行欺诈，如诡称保管费由其他单位承担；在货物的质量上弄虚作假，以次充好，或者隐瞒货物瑕疵；虚报货物数量等。到提货时，存货人却要求保管人按照仓单交货，或者以仓储企业擅自调换货物、动用货物为由要求其赔偿。还有甚者为了节省费用故意隐瞒危险物品或其他需要特别储存的化学品，造成其他货物损失，导致仓储企业向其他存货人赔偿。

二、常见的仓库风险防范措施

针对以上常见的仓库风险，我们可以采取以下措施。

（一）库房火灾

仓库是物资集中储存和放置的场所，因此仓库的消防安全工作对企业来说相当重要。预防库房火灾必须做好以下几点。

1. 建立健全消防组织机构

物流园区应建立健全消防安全组织，确定各级、各岗位消防安全责任人，定岗定责。

2. 定期检查消防工具

定期检查消防工具，保证能够正常使用，灭火器要保证压力在正常范围内，每个灭火器上应该有检验标识，并且摆放在固定位置。消防水压力要足够，消防水带应该整齐摆放在消防箱内。

3. 保证消防通道畅通

仓库内物资按规划区域整齐排列，每个区域必须留有消防通道，任何物资不能占用消防通道，同时也不能遮挡住该区域的消防水箱，保证人员能非常方便地使用。

4. 设置醒目禁烟标志

在仓库醒目位置要设置禁烟标志，特殊仓库还应该设置禁油等相应的禁止事项。任何人员进入仓库不准吸烟。

5. 加强防火巡查检查

定期开展防火检查，消除火灾隐患。严格执行夜间值班、巡逻制度，及时纠正违规占用消防车通道、住宿与储存合用、电动车充电、使用电热器具、搭建彩钢板建筑、动火和吸烟等行为，妥善处置火灾危险。

6. 强化消防宣传培训

企业应经常性开展消防安全宣传教育，组织员工学习消防法规等，加强对相关人员的消防知识培训，提高员工的安全意识。

（二）法律风险

1. 提升行业法治观念，加强法治教育

仓储合同属于合同的范畴，应当受到《民法典》的约束。但是由于行业及从业人员法律意识的不足，容易陷入困境。因此，加强法治宣传和学习显得尤为重要。

2. 遇到纠纷不慌乱，法律武器做保障

在仓储经营过程中，主要会涉及货物在运输过程中灭失毁损的责任归属问题和货损的赔偿数额的确定问题。

我国《民法典》第八百三十二条明确规定："承运人对运输过程中货物的毁损、灭失承担赔偿责任。但是，承运人证明货物的毁损、灭失是因不可抗力、货物本身的自然性质或者合理损耗以及托运人、收货人的过错造成的，不承担赔偿责任。"因此，加强在货物入库验收环节能够有效规避货物在运输过程中灭失毁损的责任归属。

《民法典》第八百三十三条规定："货物的毁损、灭失的赔偿额，当事人有约定的，按照其约定；没有约定或者约定不明确，依照本法第五百一十条的规定仍不能确定的，按照交付或者应当交付时货物到达地的市场价格计算。法律、行政法规对赔偿额的计算方法和赔偿限额另有规定的，依照其规定。"只要落实损失的归属问题，就不难确定损失赔偿及权责的发生。

三、风险管理

微课 9-1

风险管理

风险管理是指对风险的识别、分析与衡量，采取损失控制措施，以最低的成本使风险引起的损失降到最低的一系列管理方法。它也可以被描述成一个组织或个人采取的降低风险成本、实现利润最大化的一系列决策和措施。

对于仓库管理者而言，风险管理包含两方面内容：一是以最低的成本避免或减少损失，一旦发生意外能尽快恢复到之前的生产能力和规模；二是为员工提供稳定的工作环境，保障员工的身心健康，从而提高员工的工作效率。

（一）仓库风险管理的步骤

1. 制订风险管理的目标

风险管理的目标是选择最经济和最有效的措施使风险的成本最低化。

2. 识别风险

仓库管理者通过对仓库拥有的各种财产、雇用的所有员工从事的各项经营活动进行全面的分析，找出仓库所面临的各种风险。风险识别的方法主要有以下几种。

（1）财务报表分析法。运用财务报表分析法，仓库管理者可以根据仓库的资产负债表、财产目录、损益表等，以及仓库的财务预算，对固定资产和流动资产的分布及经营状况进行分析研究，确定仓库的潜在损失，发现潜在风险，包括资产本身可能遭遇的风险，以及

生产或供应业务中断可能导致的损失，甚至包括造成他人人身伤亡和财产毁损应负的法律赔偿责任。使用这种方法要求仓库管理者掌握一定的财会知识，以便熟练地进行分析。

（2）经验法。仓库管理者可根据过去的仓库管理经验、当前的仓库运行情况发现风险。

（3）生产流程分析法。运用生产流程分析法，仓库管理者可以把仓库以入库、储存、出库为中心的仓库作业流程列上流程表，再对每个流程逐项进行分析，从中发现潜在风险。使用这种方法要求仓库管理者掌握仓库的作业流程、作业技术和作业规范。

（4）假设分析法。这是通过假设分析将产生何种风险的方法。

（5）风险清单分析法。使用风险清单分析法，仓库管理者就可以把仓库即将面临的潜在损失用表格的形式列出，然后进行风险分类，分析它们可能变化的方向、程度及其相互间的联系，从而为科学地进行风险估算提供依据。使用这种方法要求仓库管理者具有丰富的经验，对仓库有全面系统的了解，对风险的类型、重要程度、风险估算和风险处理对策都非常熟悉。

损失一览表可以按损失进行编制：财产损失，包括事故、灾害的发生给仓库造成的直接损失、间接损失和净收益损失；责任损失，包括货物被盗、作业方案错误等各种责任风险的发生所导致的仓库收入减少；人身风险，包括事故、灾害的发生所造成的人员伤亡、受害人及其家庭的损失。

（二）风险衡量

风险衡量是指衡量损失发生的潜在概率，估算潜在的损失规模及风险对仓库的影响程度。进行风险衡量时，仓库管理者首先应该分析风险对仓库的影响程度。按照各种风险对仓库产生的影响，可将风险分为致命风险、重要风险和一般风险。

（三）制订风险管理计划，采取相应措施

根据仓库承担风险的能力及风险对仓库的影响程度的不同，仓库管理者需要制订针对不同风险的管理措施和计划。

1. 损失控制

仓库要控制损失，应从控制损失的发生和破坏程度入手，一方面要防止损失发生，另一方面要减小损失的破坏程度。防损措施强调"防患于未然"，例如在仓库中安装火灾自动报警系统，为减少货车滑移导致叉车发生倾覆事故而在货车上安装锁车装置，为减少差错而制定各种作业规程。减损措施强调"快速反应"和"有效"，例如仓库中根据库存的特点而选用的灭火系统和仓库所投的各种保险。

2. 自担风险

自担风险就是仓库自己承担风险造成的损失。例如，仓库负责赔偿由于管理不善造成的一切货损。

3. 风险转移

仓库可以采用非保险法和保险法进行风险转移。在非保险法中，仓库可以通过与客户签订合同的方式进行风险转移。例如，仓库与客户在货物完好率上达成一致，就可以

相应地减少仓库在货物发生损耗时而承担的风险。在保险法中，风险计划用于明确哪些风险要自担，哪些风险要转移。对于自担的风险，仓库要考虑采取什么样的防灾防损措施；对于要转移的风险，仓库要考虑采取哪种转移方法；对于采取保险法转移的风险，仓库要制订详细的投保计划。

（四）风险管理措施检查和评价

风险管理过程是一个动态的管理过程，在这个过程中，仓库管理者要定期或不定期地检查和评价各种风险管理措施，以及时发现问题并解决问题。

 知识巩固

一、不定项选择题

1. 无获利机会的风险叫作（　　）。
　　A. 纯风险　　　　B. 自然风险　　　　C. 责任风险　　　　D. 投机风险

2. 暴风雪属于（　　）。
　　A. 纯风险　　　　B. 自然风险　　　　C. 责任风险　　　　D. 投机风险

3. 战争属于（　　）。
　　A. 经济风险　　　B. 政治风险　　　　C. 责任风险　　　　D. 投机风险

4. 下列属于风险管理措施的有（　　）。
　　A. 回避风险　　　B. 损失控制　　　　C. 自担风险　　　　D. 风险转移

5. 库房发生火灾的原因有（　　）
　　A. 人员管理混乱　　　　　　　　　　B. 火种控制不严
　　C. 危险品管理不当　　　　　　　　　D. 工作人员失职

6. 在货物出库时发现与单证不相符而发生纠纷，由（　　）承担赔偿责任。
　　A. 仓储部门　　　B. 运输部门　　　　C. 货主　　　　　　D. 存货人

7. 危险物品、化学品仓库如果没有分类分项存放或者缺乏专业知识致使库存物品发生化学反应引起自燃、燃烧或爆炸，则事故发生原因应归属（　　）。
　　A. 运输　　　　　B. 仓储　　　　　　C. 货主　　　　　　D. 存货人

二、简答题

1. 简述常见的仓库风险。
2. 简述常见的仓库风险防范措施。

技能训练

参与物流仓储企业的实地调研，根据风险管理的相关方法梳理该企业存在的风险隐患，撰写一份风险管理报告。

单元二　仓库安全管理

　　仓库是物资储存基地，仓储物资大多是易燃可燃物质，危险性较大。如果仓库安全管理不到位，就可能发生燃烧或爆炸事故，给人们的生命财产造成损失。因此，加强仓库安全管理，提高安全管理技术水平，及时发现和消除仓库中的不安全因素，杜绝各类事故的发生，十分重要。

一、仓库治安保卫管理

　　仓库治安保卫管理是仓库为了防范、制止恶性侵权行为、意外事故对仓库及仓储财产的侵害和破坏，并维护仓储环境的稳定，保证仓储生产经营的顺利开展所进行的管理工作。

微课 9-2

仓库治安保卫管理
制度

　　仓库治安保卫管理需要通过规章制度明确工作要求、工作行为规范、岗位责任，建立管理系统，让相关人员及时顺畅地交流信息，随时修补保卫漏洞，确保做出及时、有效的保卫反应。

（一）仓库治安保卫管理的工作内容

　　仓库治安保卫管理主要包括防火、防盗、防破坏、防抢、防骗、员工人身安全保护、保密等工作，除了有专职保安员承担的工作，如门卫管理、治安巡查、安全值班等，还有大量由相应岗位员工承担的工作，如办公室防火防盗、财务防骗、商务保密、仓库防火、锁门关窗等。仓库治安保卫管理的工作内容如下。

1. 守卫要害部位

　　仓库需要通过围墙或其他物理设施与外界进行隔离，设置一至两个大门。大门是仓库与外界的连接点，是维持仓库治安的第一道防线。

　　大门守卫员的主要职责是：对办事人员实施身份核查和登记，禁止入库人员携带火源、易燃易爆物品；检查入库车辆的防火条件，登记入库车辆，指挥车辆安全行驶、停放；核对出库货物和放行条，并收下放行条，查问和登记出库人员携带的物品，特殊情况下可查扣物品、封闭大门。

　　对于危险品仓库、贵重物品仓库、特殊品存储仓库等，企业需要安排专职守卫看守，限制无关人员接近，防止仓库被破坏和货物失窃等情况的发生。

2. 巡逻检查

　　巡逻检查是由专职保安员不定时、不定线、经常巡视整个仓库的每一个位置的治安保卫工作，一般由两名保安员同时进行，保安员会携带保安器械和强力手电筒。

　　保安员的主要职责是：查问可疑人员；检查各部门的防卫工作；关闭确实无人的办公室、仓库的门窗、电源；防止消防器材挪作他用；检查仓库内是否发生异常现象，停留在仓库内过夜的车辆是否符合规定等。保安员在巡逻检查中如发现不符合仓库治安保卫制度要求的情况，应采取相应的措施进行处理或者通知相应部门进行处理。

3. 使用防盗设施

仓库应根据法规规定和治安保卫的需要设置与安装相应的防盗设施。仓库配置的防盗设施如果不加以有效使用，就不能实现防盗的目的。负责操作防盗设施的员工应该按照制度要求，有效使用配置的防盗设施。仓库的防盗设施主要有视频监控设备、报警设备，仓库应按照规定配置防盗设施，并由专人负责操作和管理，从而确保防盗设施的有效运作。

4. 治安检查

治安责任人应经常检查仓库治安保卫管理工作，督促相关人员照章办事。治安检查应贯彻定期检查与不定期检查相结合的制度，具体包括班组每日检查、部门每周检查、仓库每月检查，以及时发现治安保卫漏洞和安全隐患，采取有效措施予以消除。

5. 治安应急

治安应急是仓库发生治安事件时采取紧急措施，以防止和减少治安事件所造成的损失的保卫工作。治安应急需要通过制定应急方案，明确应急人员的职责与发生治安事件时的信息（信号）发布和传递规定，以及经常演练来保证实施。

（二）仓库治安保卫工作的具体措施

（1）开展法治宣传和教育。对单位内部人员和外部人员（如驻库员、押运员、火车调度员、提货员、业务联系人员、临时工及探亲访友人员等）实行严格管理，一旦出现问题，由保卫部门配合行政部门解决。

（2）建立、完善出入库制度和日常安全检查制度。仓库内部重要部位和存放易燃、易爆、剧毒物品的场所，要指定专人负责并加强检查。仓库管理人员一旦发现货物有任何异状，应当立即组织检查，并做好现场记录，直到弄清原因并消除异状。

（3）加强库区的安全检查。一般情况下，大型仓库要求执行4级（仓库主管部门、仓库、分库或货区、基层班组或具体部位）安全检查制度，而中小型仓库至少执行3级（仓库、分库或货区、基层班组或具体位置）安全检查制度。安全检查过程要做好记录，仓库管理人员发现问题和隐患时，要及时向上级报告并认真研究，积极采取措施解决，预防事态扩大或事故发生。

（4）建立治安防范责任制，并对各级部门和人员进行相应的考核。各级治安防范责任制的内容包括以下几个方面：治安工作范围、职责任务、工作标准、工作程序、考核办法、奖惩规定等。

微课 9-3

仓库消防管理

（5）重要库房应配备电子报警装置，应用现代科技手段确保仓库安全。

二、仓库消防管理

仓库消防管理就是遵循仓库火灾发生及生产作业活动的客观规律，

164

依照消防法规和消防工作方针、原则，运用科学的理论和方法，通过一系列的管理职能，合理而有效地使用人力、物力、财力等资源，为达到仓库预期的消防安全目标而进行的各种消防活动。

（一）燃烧基础知识

有热和光产生的氧化反应称为燃烧。燃烧是空气中的氧和可燃物质发生的一种强烈的化学反应，也就是可燃物的激烈氧化。在这种化学反应中，通常会产生光和火焰，并放出大量的热。燃烧必须同时具备三要素，即可燃物、助燃物和着火源，如表 9.1 所示。

表 9.1　燃烧三要素

要素	定义	描述
可燃物	常温条件下能燃烧的物质	可燃物可分为无机可燃物和有机可燃物两大类。无机可燃物有一氧化碳、氨、硫化氢、磷化氢、二硫化碳、联氨、氢氰酸等。有机可燃物有天然气、液化石油气、汽油、煤油、柴油、原油、酒精、豆油、煤、木材、棉、麻、纸等
助燃物	支持燃烧的物质	主要是氧，包括游离的氧或化合物中的氧
着火源	物质燃烧的热能源	根据能量来源的不同，着火源可分为明火、高热物体、化学热能、电热能、机械热能、生物能、光能和核能等

（二）造成火灾的因素

在仓库日常管理过程中，仓库管理人员稍有不慎就容易酿成火灾，因此仓库管理人员需要厘清造成火灾的因素，以便防患于未然。

1. 仓库管理人员管理不善

仓库管理人员乱搭、乱建、乱堆，甚至擅自改变防火分区、防火间距等，没有安排人员进行轮岗巡查，部分仓库管理人员吃住在仓库，都极易埋下火灾隐患。

2. 仓库照明管理不善

这主要包括仓库照明灯具选用不当、未按规定要求安装，施工质量差导致灯具脱落，使用高温照明，灯位设置不当，照明灯具用后未切断电源等。

3. 仓库火种控制不严

这主要包括违章切割、无证动火、吸烟等。

4. 仓库分类不清，保管条件不良

这主要包括危险品、化学品在仓库中没有分类分项存放，仓库通风散热条件不良，防潮、防火、降温措施不科学，堆放不规范，仓库管理人员缺乏专业知识致使货物发生化学反应，进而燃烧或爆炸。

5. 仓库防雷设施不符合规范

若仓库防雷设施保养不善或防雷设计有误，一旦发生雷暴，极易引发雷击火灾。

（三）防火与灭火

仓库消防管理应遵循"预防为主，防治结合"的基本原则。

1. 弄清防火措施

（1）控制可燃物，如氢气、煤炭等。

具体防火措施：货物必须按性质分类储存，易燃易爆危险品必须存放在专用仓库；仓库内货物存放必须符合消防安全规定，配备足够的消防器材。

（2）隔绝助燃物——氧气和氧化剂（氯酸钾、高锰酸钾）。

具体防火措施：仓库照明必须符合防火规范，不准使用碘钨灯；仓库内不准使用电炉子等电器；仓库内的用电不得超过安全负载，若发现电器和线路故障，应立即停止使用，并通知电工维修。

（3）消除着火源——明火、电火。

具体防火措施：严格控制明火、电火等，以免引起火灾。

2. 找准灭火方法

一切灭火方法均可理解为破坏已经形成的燃烧条件，或消除燃烧中的游离基而终止燃烧。灭火的基本方法有以下4种。

（1）减少空气中的含氧量——窒息灭火法。这种灭火方法主要是用沙土、水泥、湿麻袋、湿棉被等不燃或难燃物质覆盖燃烧物，用雾状水、干粉、泡沫等灭火剂覆盖燃烧物，用水蒸气或氮气、二氧化碳等惰性气体灌注起火的容器、设备，密闭起火建筑、设备和孔洞，把不燃的气体或不燃的液体（如二氧化碳、氮气、四氯化碳等）喷洒到燃烧区域内或燃烧物上。

（2）降低燃烧物的温度——冷却灭火法。这种灭火方法是将灭火剂直接喷射到燃烧物上，以增加散热量，降低燃烧物的温度于燃点以下，使燃烧停止；或者将灭火剂喷洒在火源附近的物体上，使其不受火焰辐射热的威胁，避免形成新的火点。

（3）隔离与火源相近的可燃物——隔离灭火法。这种灭火方法是把火源附近的可燃、易燃、易爆和助燃物品搬走；关闭可燃气体、液体管道的阀门，以减少和阻止可燃物质进入燃烧区；设法阻拦流散的易燃、可燃液体；拆除与火源毗连的易燃建筑物，形成防止火势蔓延的空间。

（4）消除燃烧中的游离基——抑制灭火法。抑制灭火法也称化学中断法，主要是让灭火剂参与燃烧反应，使燃烧过程中产生的游离基消失，从而形成稳定分子或低活性游离基，促使燃烧反应停止。抑制灭火法除了可以使用干粉灭火器，还可以使用1211灭火器、1301灭火器等。当火焰被扑灭后，灭火人员需要对燃烧物进行降温，防止燃烧物复燃。

3. 常用的灭火剂及其适用情况

常用的灭火剂有水、泡沫、不燃气体和干粉等。

（1）普通可燃物质着火，如房屋着火，主要用水和泡沫灭火。

（2）易燃液体着火，如石油及石油货物着火，灭火时不能用水，而是用干粉、二氧化碳泡沫等灭火。

（3）易燃气体着火，如氢气、液化石油气等气体着火，灭火时应用密集水流或二氧化碳、干粉，同时要切断气源。

（4）酸类液体着火，如硫酸着火，灭火时要用干粉、泡沫等，不要直接用水灭火，以防酸类液体飞溅。

（5）电器着火，应先切断电源，然后采用灭火措施。灭火时可用四氯化碳、二氧化碳或干粉，不得使用水和泡沫。

仓库管理人员除了要了解常用的灭火剂及其适用情况外，还需要认识一些常见的消防器材，如图9.1所示。

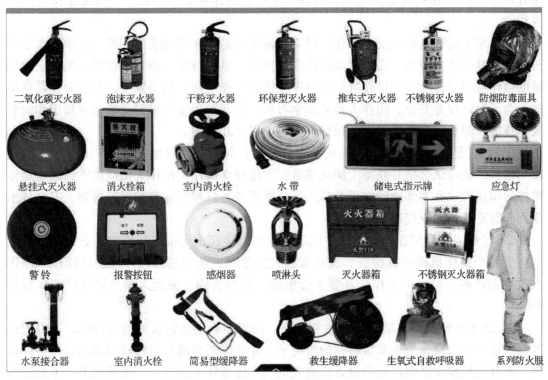

二氧化碳灭火器　　泡沫灭火器　　干粉灭火器　　环保型灭火器　　推车式灭火器　　不锈钢灭火器　　防烟防毒面具

悬挂式灭火器　　消火栓箱　　室内消火栓　　水带　　储电式指示牌　　应急灯

警铃　　报警按钮　　感烟器　　喷淋头　　灭火器箱　　不锈钢灭火器箱

水泵接合器　　室内消火栓　　简易型缓降器　　救生缓降器　　生氧式自救呼吸器　　系列防火服

图 9.1　常见的消防器材

三、仓库安全生产

安全生产是指为在生产过程中保护职工的身体健康和人身安全，预防和消除职业中毒、职业病和伤亡事故而进行的一系列组织工作和技术工作，做好这项工作有着十分重要的意义。仓库安全生产工作涉及的内容很多，主要包括仓库作业安全、仓库作业卫生两个方面。

（一）仓库作业安全

仓库作业安全是在生产过程中，为防止违反客观事物规律和发生事故而采取一系列技术管理措施，保障劳动者和生产设备的安全，创造合乎科学要求的劳动条件，保证生产能够安全进行。

1. 仓库机械作业安全

仓库中大量的作业是用机械完成的。在这个过程中，保证仓库机械作业安全，避免设备事故、人身事故的发生，对保证设备、货物和人身的安全有着重要意义。

（1）装卸、搬运和堆垛作业的安全进行。装卸、搬运和堆垛是仓储作业中的主要环节。目前，虽然仓库中的装卸、搬运、堆垛作业都日趋机械化，但仍需要作业人员付出一定的体力劳动。为了保证身体健康、人身安全和货物不受损失，作业人员必须做好以下几项工作：接受安全生产教育，学习仓储作业技术知识，严格遵守安全操作规程。

（2）起重运输机械的安全操作。起重运输机械是仓库实现装卸、搬运、堆垛作业的机械化，减轻体力劳动，提高劳动生产率的重要工具和设备。但是，如果在起重运输机械的操作过程中违反安全操作规程或对安全措施检查不够，则会发生人身事故和设备事故。为了保证作业安全，操作人员必须学习和掌握起重运输机械设备的基本知识和安全操作技能。起重运输机械的安全操作要求包括以下几方面。

① 对起重运输机械操作人员的要求。凡操作起重运输机械的人员，必须通过专门技术培训，经考试合格并获得上岗证书后，方能独立操作。操作人员应该熟悉起重运输机械的构造、主要零部件的作用及其关系，熟悉该类机械的运行和保养规则、安全技术规程和起重搬运作业规程等。

② 起重运输机械在运转前的注意事项。在运转起重运输机械以前，必须对其各个部位、各个操作机构进行检查，发现有较大问题时，须经过修理才能进行操作。操作人员在操作前对自己的工作任务要十分明确，并与装卸、搬运人员共同制订工作程序和计划。

③ 起重运输机械在运转中的注意事项。在运转起重运输机械的过程中，不得超过其最大速度和负荷量。在非常特殊的情况下，才能以两台起重运输机械共同起吊一件货物，而且这种操作必须在起重设备检查人员的直接指导下进行。一般情况下，不允许采取这种做法。

起吊货物时，必须使吊钩位于货物重心的正上方，以免货物摇摆。应先将货物提升到高于搬运线上所有能碰到的地面障碍物 0.5 m 以上，然后再起吊。

严格禁止将人与物一同提升或吊运，吊运货物的下方不得有任何人员。操作起重运输机械时要以口令和手势作为指挥信号，起重运输机械操作人员只能依照一位指挥人员的指示作业。但有停止信号发出时，不管该信号是谁发出的，操作人员都应立即停止作业。禁止经常利用行程限制器使起重运输机械停止移动。作业结束后，应确保起重运输机械上没有悬挂货物，对其进行全面检查、清理，关闭所有控制器，使其恢复到非运转状态，并将其停放到适当的位置。

④ 对起重运输机械的保险安全装置的要求。为了保证门式起重机和桥式起重机的操作安全，应按其设备类型设置各种保险安全装置，包括缓冲器、卷扬限制器、行程限制器、起重量控制器及防风夹轨器等，并定期检查其性能，确保作业安全。

2. 危险品的保管和作业安全

（1）危险品装卸、搬运安全。危险品装卸、搬运安全是仓库安全作业的重要环节，稍有疏忽或违反操作规程，就会引发严重事故，如中毒、燃烧或爆炸等。在危险品作业中必须严格遵守安全操作规程，以保证作业安全。

装卸、搬运危险品时，应预先检查所用工具是否牢固，若有破损，应予以修复或更换。如果所用工具曾被易燃物、有机物、酸、碱等污染，须先进行清洗，然后方可使用。

作业人员应根据不同的危险品特性，穿戴相应的防护用具，尤其对毒害品、腐蚀性和放射性物品更要注意。这些防护用具包括防护服、防护靴、防护手套和防毒面具等。操作前应有专人对防护用具予以检查及对效果进行鉴定。作业后作业人员应及时对用过的防护用具进行清洗、消毒和保管。

在危险品作业中，要轻吊轻放，防止撞击、摩擦、振动；对于桶装液体类危险品，在卸车下垛时，不宜直接用跳板，应在车、垛之下垫轮胎或其他松软物予以缓冲，严格按包装要求操作。包装破漏损坏时，须将危险品移至安全地带整修复原；当粉、粒、块状危险品撒落在地面或车上时，应及时清除。

在操作危险品时，不得饮食、吸烟。工作完毕后，根据危险品的性质和工作情况及时清洗手和脸、漱口或淋浴。操作毒害品时，必须保持现场空气流通；如果出现头晕等中毒现象，应立即到有新鲜空气的环境中休息，脱去防护用具并清洗皮肤沾染毒害品的部分；中毒严重者应及时送医院诊治。

（2）危险品的安全存储措施。由于危险品具有一般物品所没有的特性，因此企业在存储危险品时必须采取相应的安全措施。对于存储大量危险品的仓库，企业应根据危险品的性质实行分区分类隔离存储；个别性质极为特殊的危险品应专仓专储。

3. 电器设备的安全

随着科学技术的发展和仓库机械化水平的不断提高，仓库中的电器设备也越来越多，如用电力作动力的起重运输机械、轨道输送机、自动化立体仓库的机电一体化设备及其他通风、照明设备等。为此，作业人员必须注意电器设备的安全，防止火灾和触电事故的发生。在使用电器设备的过程中，要配备过载保护、自动开关；高压线路经过的地方，必须有安全设施和警告标志；电工在操作时要严格遵守安全操作规程，防止触电和人身伤亡事故的发生；高大建筑物和危险品仓库要设有避雷装置，以避免雷击引起火灾。

保证仓库和其他建筑物的安全也是仓储安全技术的一个方面。对于仓库和其他建筑物的一般要求是坚固耐久，特别是装有桥式起重机的大型仓库要特别坚固。存放可燃、易燃和易爆物品的危险品仓库要有良好的消防器材和设施，地坪要有足够的承压能力。仓库的建筑结构、仓库与仓库或其他建筑物间的距离等要符合国家规定的安全防火标准。

（二）仓库作业卫生

仓库作业卫生是指在仓库作业中，改善劳动条件和作业环境，保护职工的健康，消除高温、粉尘、噪声、有毒气体及其他有害因素对职工健康的不利影响，防止有毒、有害物质泄漏等。仓库作业卫生的主要内容包括以下几个方面。

1. 防止粉尘的危害

仓库中常常储存大量粉状物资，如水泥、石灰和其他粉状化工货物。这些物资在装卸搬运过程中容易造成粉尘飞扬，污染仓库和货场。即使是带有包装的粉状物资，也会因包装不严或破漏而使空气中带有大量的粉尘。这些粉尘被吸入人体后，对肺部有很大危害。粉尘对人体危害性的大小，取决于以下几个因素。

（1）粉尘的化学成分。粉尘对人体的危害通常是很严重的。就无毒性的灰尘而言，如含游离二氧化硅的灰尘进入肺部，会引起肺部纤维性病变，严重的可发展为硅肺病。灰尘中含有的游离二氧化硅越多，越容易引起硅肺病。如果粉尘中含有毒性元素，其对人体的危害就更大了，甚至可能导致人员死亡。

（2）粉尘颗粒的大小。粉尘颗粒的大小也是衡量粉尘对人体危害程度的一个因素。粉尘颗粒的大小一般是以其直径进行衡量的。由于粉尘颗粒的直径很小，一般以 μm 为单位，对于直径小于 10 μm 的粉尘颗粒，肉眼一般是看不见的。粉尘对人体危害的影响主要表现在以下几个方面。

① 粉尘颗粒越小，越不容易沉降，悬浮于空气中的时间越长，被人体吸入的机会就越大。

② 粉尘颗粒越小，越容易深入肺部。据调查，在硅肺病患者中，被吸入的粉尘颗粒很少有大于 10 μm 的；大于 30 μm 的粉尘颗粒可完全被阻留在鼻腔与气管内；大于 10 μm 的粉尘颗粒可被阻留在呼吸道中，甚至直径为 5～10 μm 的大部分粉尘颗粒也能被阻留在呼吸道中，并可以随着痰液排出体外。对人体危害最大的是直径小于 3 μm 的粉尘颗粒，它们能深入肺细胞而滞留其中，这样大小的粉尘颗粒占全部粉尘颗粒（指空气中）的 80%～90%。

③ 粉尘颗粒越小，其单位质量下的总表面积越大。

综上所述，粉尘颗粒越小，粉尘对人体的危害就越大。

（3）空气中粉尘的含量。粉尘对人体的危害程度取决于空气中粉尘的含量。

表示空气中粉尘含量的指标称为含尘浓度，即每立方米空气中含粉尘的毫克数（mg/m^3）。含尘浓度越大，粉尘对人体的危害就越大。

粉尘对人体的危害通常很大，企业应根据实际情况和现有条件采取一切有效措施，尽可能为职工创造无粉尘的作业环境。其具体措施有实现装卸、搬运设备密闭化，使散装物资输送管道化，增设吸尘、滤尘和通风设备，尽量以机械操作代替人工操作等。企业应通过这些可行的措施减少作业环境中粉尘的含量。

2．防止有毒物质的危害

在化工仓库和危险品仓库中，常常存储一些有毒物质。这些有毒物质一旦侵入人体，危害极大。防止有毒物质的侵害是仓库中劳动保护的一项重要工作，它直接关系到职工的身体健康。所以，仓库作业人员必须根据安全生产的要求，切实做好对有毒物质的防护工作，加强化工仓库、危险品仓库的通风排气，对所存储的有毒物质进行妥善保管，经常检查包装是否完整，严格遵守安全操作规程，做好防护用具的正确使用、检查，严防中毒事故。

3．防止中暑和冻害

为了保护职工的身体健康，工作场所尽可能保持一定的气温。当气温过高或过低时，企业要采取降温或保暖等措施，防止职工中暑或冻伤。仓储作业中有相当一部分时间是需要露天作业的。盛夏酷暑季节，尤其在南方的一些地区，更应加强降温防暑措施；严寒冰冻季节，在华北、东北、西北的一些地区，须加强防冻害措施，设立休息取暖场所和为露天作业的职工配备防寒服装。

 **知识巩固**

一、不定项选择题

1. 常用的灭火剂有（　　　）。
   A．水　　　　　　　　　　　　　　B．泡沫
   C．不燃气体　　　　　　　　　　　D．干粉
2. 易燃液体着火，如石油及石油货物着火，灭火时不能用（　　　）。
   A．水　　　　　　　　　　　　　　B．泡沫
   C．不燃气体　　　　　　　　　　　D．干粉
3. 仓库作业卫生的主要内容包括（　　　）。
   A．防止粉尘的危害　　　　　　　　B．防止有毒物质的危害
   C．防止中暑和冻害　　　　　　　　D．防止火灾事故
4. 房屋着火可以用（　　　）进行灭火。
   A．水　　　　　B．泡沫　　　　　C．不燃气体　　　　D．干粉
5. 仓库治安保卫管理的工作内容有（　　　）。
   A．守卫要害部位　　　　　　　　　B．巡逻检查
   C．使用防盗设施　　　　　　　　　D．治安检查

二、简答题

1. 简述仓库治安保卫的具体措施。
2. 简述危险品的安全存储措施。
3. 简述消防安全管理措施。

技能训练

知识竞答：消防安全知多少

作业要求：

1. 4～6人一组，收集并整理仓库消防安全知识。

2. 汇总各小组收集的资料，整理形成本次知识竞答的题库，分发至各小组。

3. 开展知识竞答比赛，评选消防安全知识标兵组。

4. 分组进行本次实训的总结，撰写实训报告。